般若波羅蜜多とE=mc²
「縁」とエネルギー
"Pratyaya" & Energy

久保田 博

東京図書出版

最愛の我が子ら……康平、健介、祐美へ。

そして、生きる意味を模索し自分探しに疲れたあなたのために……本書を捧げます。

まえがき

　既に約半世紀の年月が過ぎましたが、私は大学生時代に「霊魂」や人智を超越した（神仏のような）「崇高な存在」について身近に感じざるを得ない機会に遭遇し、そのようなものに自然に関心を持つようになりました。それまでは合理主義的で功利的な社会風潮に何の疑いも持たず影響を受けていたのですが、それ以降はしだいに哲学、宗教、自己啓発などに関心が向かい、多少は思索するようにもなりました。

　しかし、多数の本を読みそれぞれに納得できる記事はあっても、普遍的で確信できる考え方に至ることはできませんでした。人生経験を重ね60歳台となり時間的な余裕ができてから、それまで読んだなかで特に印象的だった数冊の本を再読し考察を巡らすようになりました。

　そのなかで、現代科学に照らして『般若心経』を考察するという革新的な視点が示された『生きて死ぬ智慧』（柳澤桂子著）に触発され、『般若心経』の核心の一節「色即是空空即是色」について私なりの考察を進めることができました。すなわち（詳細は本文で述べますが）、仏教の原点となる根本教理「縁起の法」の主題である「縁」が「色即是空空即是色」という変化を起こす媒介的エネルギーであり、森羅万象すべての事象の根源となっているという推論に至ったわけです。

　これに並行して私が50歳の頃（2000年頃）に中村天風著

の出版物に巡り合い、彼独自の「宇宙霊」という概念が次のように示されていることを知るようになりました。すなわち、「宇宙全体を支配している驚くべき力」、「一切の素をなす素粒子という不思議なものを作った目に見えない力が、神だ仏だと言えば間違いないだろう。それはひとつのエネルギー要素だと思うしかない」として、「宇宙霊」というものが示されていたわけです。

　ちなみに、私はこれを「宇宙エネルギー」と呼ぶ方がしっくりくると感じており、これこそが「縁」という媒介的エネルギーであろうということに思い至りました。そして、これを軸にして考察した内容をまとめたものが本書だということになります。

　また、『ビジュアル教養大事典』（日経ナショナルジオグラフィック社）には「ほぼすべての宗教が、世界と人類はある種の『高次の存在』によって創られたと考えている」と記述され、これは『高次の力』とも表現されています。そして、これこそが「神仏」であり、「縁」であり、「宇宙エネルギー（宇宙霊）」であろうと私は考えています。

　本書は多数の本からの「良いとこ取り」で「木に竹を接ぐ」ような不自然さがあるとのご批判もあるかもしれませんが、あくまでも自らの良識（bon sens）や理性（raison）に照らして「真である」と判断したものを採択するように努めました。

なお、論旨の流れを整えたり表現の簡潔化を図ったりするため、引用に際し原著そのままの表現では記述できなかった部分もありますが、原意を損なわぬように努めました。もしも齟齬がある場合は、すべて私の理解力や表現力の責に帰するものです。

　ただ、もとより本書は引用集ではなく、私の理解咀嚼したいわゆる「メタ認知」の部分を自らの言葉で示しつつ、広い視野からの展望（因縁生起→縁→宇宙エネルギー＝宇宙霊＝神仏→宇宙の誕生から進化調和）を提示しようと試みたものなので、この点に注目いただければ幸いです。

　思い返せば自身の辛い時代に、何らかの支えを求めて自己啓発書、哲学書、宗教書などを読み漁り、紆余曲折を経て本書の内容のような展望にたどり着いたわけです。

　そこで、私と同様の苦労（本を選定し購入し読み、時間とカネを費やして、残るは本の山）を我が子たちにさせたくないと思い、書き溜めてきた読書メモを素材に考察を進め文章化して取りまとめたものが本書の原点となっています。そして、出来上がった一部の章を友人たちに読んでもらうと、「もっと多くの人々のために本にした方が良い」とのアドバイスがありました。これに背中を押されて門外漢で浅学菲才な私が、宗教哲学から素粒子そして宇宙に至る概念まで調べて取りまとめ、広く提示しようという無謀な取り組みに至った次第です（考察を進めるにつれ範囲が必然的に広がってしまったという側面があり、初めから意図して無謀な試みをし

たわけではありませんが……)。

　以上のような背景を踏まえて本書をご一読いただき、少しでも皆さまの生きるヒントとして役立てていただける部分があれば、これを取りまとめた者として何よりの喜びです。

【注】
　本書では、人物名には教科書等で行われている慣行に準じて基本的には敬称、尊称を付しておりません。
（例えば、浄土真宗では親鸞「聖人」と表記され宗祖として別格の尊称が付されていますが、ご自身のことを「愚禿」と称し自著『教行信証』に自らを「非僧非俗〈僧にあらず俗にあらず〉」と表現され崇め奉られることを好まれなかったご意思を尊重しつつ、特別な尊称である「聖人」はもとより後世の一般門主に付される「上人」という尊称さえ付さずに、教科書等の表記法に準じてお名前のみにて表記しております）

目　次
contents

まえがき 3

1章　九大WV部春合宿　1971 9
2章　諸宗教と宇宙エネルギー（宇宙霊）........ 15
3章　仏教について 27
4章　神仏と宇宙 58
5章　補完的まとめ 70

謝辞 97
参考図書 99

付録　サブノート 105

デカルトの真理を探究する思索のための「四箇条の
　規則」..................................... 107
仏教精髄二大偈句 109
八正道・正命　曼荼羅 112
仏説魔訶「般若波羅蜜多」心経（全文）............ 113

「般若波羅蜜多＝智慧」、「三毒」、「諸仏通誡偈」、
　「阿弥陀如来の本願」 115
「帰命尽十方無碍光如来」……「南無不可思議光如来」
　……「南無阿弥陀仏」…… 118
無量寿経　第十八願「弥陀の本願」訳文比較 121
浄土門の道しるべ 124
天への誓い・天風行動指針 125
天風行動指針概説 127
積極的たるべき理由 130
ポジティブ論に対応するセーフティーネット「弥陀の
　誓願」 133
顕在意識をポジティブに 136
マーフィーの黄金律で目標達成するには 138
自律神経を整える呼吸法 141
『光の路』 143
『世界平和の祈り』 144
【日常勤行作法】(参考) 145
がんの要因と予防対策 147

1章　九大WV部春合宿　1971

約50年前の久住山頂近くの避難小屋にて

　私は1971（昭和46）年に九州大学（以下、九大）に入学し、ワンダーフォーゲル部（以下、WV部）に11期生として入部した。

　4月25日㈰新入生歓迎ワンデリング（ハイキング）に参加。晴れのち快晴、福岡市近郊の篠栗町の若杉山楽園で実施された。春合宿の予定メンバー8名でパーティー（班）が編成され、顔合わせも兼ねた活動であった。メンバー構成は、（敬称略）4年生（8期）井川、3年生（9期）大江PL「パーティーリーダー」、坂田SL「サブリーダー」、2年生（10期）中原、矢田、1年生（11期）石川、久保田、畑中であった。

　4月29日㈭宝満山歩荷訓練（20～30kgの砂袋をリュックサック「キスリング」に入れ登山する負荷訓練）に参加。曇り、山頂では雨のち晴れ。西鉄の太宰府駅からロード（徒歩）で竈門神社まで行き、その裏手で砂袋に砂を詰めて宝満山（829m）まで標高差約650mを歩荷するというものだった。参加者は新入生歓迎ワンデリングと同じメンバーであった。

　5月のゴールデンウイークには九大WV部第10回春合宿

が大分県の九重山域で実施された。宝満山歩荷訓練2日後の5月1日夜に福岡を出発し5日(水)晩に帰着という4泊5日の山行であった。メンバーの構成は8名のままだが、新入生歓迎ワンデリング、宝満山歩荷訓練ともに参加していた4年生（8期）井川氏が事情により参加できず、代わってOB（6期）巣山氏がこのパーティーに合流していた。

　1日(土)は鳥栖駅前に泊まり、翌2日(日)は始発列車で豊後森駅へ、さらにバスで飯田高原局まで移動し快晴のもとロードで九重連山東北麓の男池に到着し宿泊した。当然、持参の重い帆布のテントでの宿泊である。

　3日(月)は男池（880m）から風穴（1250m）、そこから黒岳（1587m）まで空身（メイン装備のキスリングは放置してサブザックのみの軽装備）でピストン（往復）し、風穴から段原（1680m）へ移動し、そこから大船山（1786m）まで空身でピストンし、段原から九重連山に囲まれた湿原小盆地の坊がツル（1230m）まで下り、そこから鉾立峠を経て白口岳（1720m）に登り、稲星越（1687m）から東千里（1680m）を経て御池小屋（1719m）付近にたどり着いた（登りの標高差を累計すると約1770m）。

　天候は男池から大船山まで晴れ、坊がツルから白口岳までは曇り、それ以降は雨となり東千里付近からは風が強くガス（霧）がかかってきた。ちなみに東千里から御池小屋付近の一帯は比較的平坦なので、霧で視界が遮られると方向感覚が狂って道に迷う危険性が高まる。我々がこの付近に着いた頃

1章 九大WV部春合宿 1971

には濃霧となり風もさらに強くなったため、当初予定の泊地への移動は中止し御池小屋内に宿泊することになった。御池小屋は無人状態の避難小屋とはいえ当時は経年劣化で屋根部分は半壊し、石積みの壁部分はしっかりしていたが窓は設けられておらず、唯一の開口部である出入口には扉もない状態だった。このように小屋はそのままでは宿泊できる状態ではなかったので、内部にテントを2張連結して設置し宿泊できるようにした。

濃霧で風雨の強い御池小屋に到着した時間帯に戻るが、小屋付近で悪天候のため立ち往生している軽装備の女性ハイカー2人に遭遇した。夕刻も近づくなか悪天候下でこの2人を遭難の危険にさらすべきではないとのリーダーたち上級生の判断で、この2人に御池小屋での避難泊を提案したところ感謝して応諾され、総員10名でのテント泊となった。また偶然にも、この2人はともに九大医学部の事務職員だということで、お互いに信頼感なり安心感をもって合流できたのは幸いだった。

テント内で夕食を終え就寝までのひと時を、ミーティングの一環として輪番でリクエストし合いながら合唱をしていた際、次のリクエストがワンタイミング遅れたその間隙に、「……ですか？」と小さな声がテント外側と小屋内壁面の約50 cm幅の空間から聞こえた。総員10名のうち4～5名が聞こえたということで、悪天候で遭難の危険にさらされている人が救助を求める声の可能性があるとのリーダーたちの判断から、部員は2人ずつペアを組んで小屋周辺を15分間ほ

どの時間を限定して捜索することになった。リーダーたちが小屋横に立ちアルマイトの大鍋を叩いて小屋の位置を知らせるなか、部員たちは懐中電灯を手に大声で呼びかけながら捜索を行ったが、遭難者の形跡はなく何の糸口も見出せなかった。

聞こえた者にとっては、不思議な声は小屋の外からではなく、小屋内の石壁面とテントの間の空間から小さいながらもはっきりした日本語で「……ですか？」と聞こえたわけだが、小屋周辺を捜索しても声の主は発見できなかったため、強い風の当たる音が声のように聞こえたのだろう、ということで一件落着となった。しかし私、久保田や石川氏には、誰かが話しかけるような声が小声ながらもはっきりと聞こえた記憶はいまだに鮮明に残っており、少なくとも私にはどうしても風の音とは思えず、何かしら霊魂的なものがあるのではないかとの思いが払拭できずにいる。

さらに忘れられないのは、歓迎ワンデリングにも歩荷訓練にも同行していただきながら春合宿には参加されなかった４年生（８期）の井川氏が、この春合宿の翌月６月６日の九大祭打ち上げ後に那珂川で誤って溺死されるという悲しい事故が起こったことである。

ちょうどこの九大祭の頃、６月５日㈯から８日㈫まで３泊４日で国東半島へのパーワン（パート別ワンデリング）が行われ、Ａ班は２年生（10期）猪熊リーダー、１年生（11期）久保田、遠藤、畑中、富田、そしてＢ班は２年生（10

期）後田リーダー、1年生（11期）糸井、津屋崎、上島、和田というメンバーで、国東の富貴寺や磨崖仏、姫島、宇佐八幡宮を巡っていた。福岡帰着後にこの悲報に接し私はかなり動揺し、人生で初めて身近に知っている人が世を去るという現実を痛感することとなった。九重の春合宿で霊魂的なものについて真面目に考える機会に遭遇して僅か1カ月後のことだったので、人の生命の予測不能のはかなさについて感ずるところが一層大きかったのかもしれない。

1971（昭和46）年の九重春合宿から約40年後、偶然にも2010（平成22）年8月24日付の西日本新聞（夕刊）に、1930（昭和5）年に九重のまさに御池近くの岩室を目指しながら強い風雨の中で九州帝国大学医学部生2人（ともに21歳）が遭難死した、という記事を見つけた。その2人は8月11日午後5時に入山して御池小屋付近で「寒さで亡くなった」との記事であるが、夏とはいえ標高1800m近い山頂付近では強風雨のため低体温症となってしまい死に至ったということであろう。なお、記事によれば事故の翌年1931（昭和6）年に遭難碑が建立されていたとのことだが、我々の春合宿の際にはまったくその碑には気づかなかった。

この記事を読んで思い至ったのだが、その九大医学生遭難事故から約40年後に、偶然にもまさにその現場付近の避難小屋内でテント泊していた九大の後輩で同年配のWV部の我々に、その遭難者のひとりの霊魂が親近感（あるいは寂しさ）のあまり声をかけてきたのではないだろうか。さらに、

そこには九大医学部関係者２名が緊急避難のため合流していたわけだが、遭難者が２人とも九大医学部学生であったことから、「九大医学部、２名」と符合するようで何か怖いような不可思議さを感じた。

　さて今回、コロナ禍のため２年遅れとなっていたが2022（令和４）年６月３日に、九大WV部11期生の有志９名で久住山（1786.5ｍ）登頂を果たした。
　我々の学生時代には久住山が九州本島最高峰だとされていたが、測量技術の進歩により中岳（1791ｍ）が最高峰と判明したので、この機会に中岳登頂を希望したところ山本信一君が賛同し同行してくれた。そして、久住山から中岳への途上にある御池小屋前で、かねてから個人的に懸案であった九大医学部生遭難慰霊のための読経念仏を捧げることができた。
　遭難事故から92年、私がWV部の春合宿で「声」を聴いてから51年もの長い年月を経たが、同期の有志と共に慰霊を無事に行えたことは、些細な自己満足かもしれないが、私のなかでひとつのけじめを付ける有難い機会となった。

　2022（令和４）年６月11日　記

【注】
　個人名については、ご本人（またはご遺族）に確認し了解を得られた方以外は仮名とした。

2章　諸宗教と宇宙エネルギー（宇宙霊）

　そもそも私は約70年間の人生において、登山経験のなかで心霊的体験をしたり、人智を超えた大自然の偉大さ（壮大な山容）、峻厳さ（暴風雨、雷の威力）を実際に体感したりしたことから……宇宙には姿は見えないが普遍的で人智を超越した崇高な存在（人智の到底及ばない絶対的で偉大な存在）があるはずだ、と自然に信ずるようになりました。

　この崇高な存在は、ユダヤ教・キリスト教・イスラム教ではアブラハム一族の「神」（ヤハウェ・エホバ・主・アッラー）と呼ばれ、仏教では「仏」（如来）、神道では「神」（天之御中主神、天照大神）、儒教では「天」と、それぞれ異なる名称で呼ばれています。ただ、今から2000年ほど前の世界では地域間の交流は極めて限られており、仮に「崇高な存在」を稲光や火炎のような光り輝くエネルギー体として眼前にしても、それぞれの地域で別の名称を付けたのは当然のことではないでしょうか。

　従って、地域によって神仏の名称は異なっていても本質的には同一の「崇高な存在」だと受け止めています。

【注】

- ユダヤ教・キリスト教・イスラム教では、いずれも旧約聖書を奉じるので、それらの信者は包括的に「啓典の民」と

呼ばれる場合がある。
- 「あなたがたの先祖の神、アブラハムの神、イサクの神、ヤコブの神である主が……」(出エジプト記3.15)
  A) アブラハムの長男イシュマエル（アラブ系部族の父）の末裔にムハンマドが出て、
  B) アブラハムの次男イサクの子孫にヤコブ、モーゼ、洗礼者ヨハネ、イエスなど「神の子」とか「預言者」と呼ばれる者たちが出た。
- 天之御中主神……天地の始まりの時に生まれた最初の神、宇宙の中心にいる神。
- 天照大神……太陽の女神。

では、代表的な各宗教ではこの崇高な存在をどのように表現しているのか……。

①ユダヤ教・キリスト教・イスラム教では、旧約聖書の記述に神は光や火と密接不可分に表現されています。
  - 「神は天と地そして『光』を創造した。」(創世記1.1-3)
  - 「シナイ山は全山煙った。主が火の中にあって、その上に下られたからである。」(出エジプト記19.3)
  - 「火の中から語られる神の声をあなたが聞いたように……」(申命記4.33)
  - 「主は天からその声を聞かせ、地上では、またその大いなる火を示された。あなたはその言葉が火の中から出るのを聞いた。」(申命記4.36) などと記されていま

す。
- イスラムに関する手元諸資料によれば、神(アッラー)とは唯一で単一不可分の絶対無比で永遠かつ無限で姿形も性別も判然としない、宇宙全体に漲っている人間の理解を超越した「根本原因、根本意思、根本真実」といった概念で捉えられています。

②哲学分野ですが、ローマ帝国の皇帝として多難な公務を忠実に果たしながら、ストア哲学的思索を深めていたマルクス・アウレーリウス(歴史上唯一の哲人政治家と言われる)が、西暦170年頃に遥か北境のドナウ川沿岸の陣営で自らのために綴った断章『自省録』を残しました。その中で彼は「崇高な存在」を「宇宙の叡智」「宇宙の指導理性」「宇宙の創造的原理」「宇宙の自然の根本原理」「宇宙を支配する自然」「宇宙の自然」などと表現して、その存在を既にその頃に認識していたことは興味深いものがあります。

③仏教では、

 A)「毘盧遮那仏」は奈良東大寺大仏として有名で、万物を照らす宇宙的存在であり「釈迦の親」とも言われています。また「光明遍照仏」(光明があまねく照らす仏)とも呼ばれ、真言宗などの密教では「大日如来」と呼ばれます。

 B)「阿弥陀如来」は「無量光如来」(量りしれない光の如来)、「無碍光如来」(無碍なる光の如来)、「不可思議光如来」(不可思議なる光の如来)とも呼ばれ、

いずれも光を象徴する仏として表現されています。
④神道では、「天照大神」（天を照らす光で太陽の女神）が存在し、太陽や光を象徴しています。また、三種の神器（鏡、草薙の剣〈野火を払い難を逃れた時に活躍〉、勾玉）も光や火に関連するものと考えられます。

　以上のように、「崇高な存在」に対する主要各宗教における呼称から、神仏（崇高な存在）は火や太陽の光のような存在だという認識が多く持たれてきたことがわかります。

　さらに、近代以降の宗教哲学なり新宗教ではこの崇高な存在をどのように表現しているのか、私なりに調べてきた範囲ではありますが概観してみると……。

　1906（明治39）年の村上専精の著作『自省録』には、宇宙には人智の到底及ばない「真理」が存在すると想定するのが妥当であり、儒教では「天」、キリスト教では「神」、仏教では「仏陀」や「如来」というものも、この「真理」の単なる呼称の相違であって、いずれも人智の到底及ばない宇宙最上の絶対的「真理」を投影した呼称だということは誰しも承諾せねばならないと思う、という旨の記述が見られます。

　また、1919（大正8）年から辻説法を始めた中村天風は、宇宙の摂理に基づき真に生きがいある人生を生きるための哲学でヨーガ哲学も踏まえた「天風哲学」を提唱し、上記の

2章　諸宗教と宇宙エネルギー（宇宙霊）

崇高な存在に相当する「宇宙霊」と心身の結びつきを念頭に「心身統一法」という実践的行動哲学を説きました。彼は前向きな元気を与えてくれる活力ある哲学講演者、宗教家といった印象があります。

　そして、天風は万物一切の根源をなす「宇宙霊」という重要な概念を提唱しています。彼は1900年にドイツのプランク博士が発表した量子仮説に関心を持ち、「プランク博士は、『文化の遅れているむかしの人間は、この世は神や仏というものがこれを創ったと思っているが、それは違う。素粒子(りゅうし)が一切(いっさい)の素をなしているんだ』と説いています。」（出典『君に成功を贈る』中村天風）と紹介していることから、この仮説に触発されて考察を深めたことがうかがえます。そして、万物の素となる素粒子を創った目には見えない力（エネルギー）が存在する、と考えるのが最も妥当だとの結論に達し、この創造のエネルギーを「宇宙霊」と呼びました。なお、1905年にアインシュタインが特殊相対性理論を発表し、物質がエネルギーに変換し、逆にエネルギーが物質に変換されるという革新的発見が示されましたが、これも上記の彼の考察の根拠になっているものと思われます。

　天風は「宇宙霊」を、「宇宙創造の根本主体たる宇宙霊」、「絶対の力を有(も)つ宇宙霊」、「見えざる実在の力」、「万物一切の根元をなす宇宙霊」、「宇宙霊なるものは、誠と愛の満ち満ちたる絶対調和の精気である。」、「永遠に　創造的に　万象を化成する　宇宙霊」、「絶大無限の宇宙霊」、「宇宙本体たる宇宙霊」、「この世に在る唯一(ただ)つの絶対たる宇宙霊」、「永遠

の実在である宇宙霊」、(以上出典『真理行修誦句集 ― 瞑想行修用 ―』天風会)、「宇宙の創造を司どる宇宙霊(神仏)」、「神仏と名づけられて居る宇宙霊」(以上、出典『天風誦句集』天風会)、「宇宙(うちゅうぜんたい)全体を支配している驚くべき力」(出典『君に成功を贈る』中村天風)などと表現しています。

さらに彼は「宇宙霊」について、「宇宙に隈なく遍満存在している、幽玄微妙な気」、「万物創造の霊妙な働きをなす気」、「この"気"を哲学では、『精気』、『霊気』あるいは『先天の一気』などと呼んでいる。天風哲学では"宇宙霊"と呼ぶ」、「宇宙の一番おおもとの気という意味であり、ただ便宜上、"宇宙霊"という言葉を使うのであると考えればよい。神、仏、天之御中主神、天にまします我らの父、何でもよい。」、(以上、出典『運命を拓く ―― 天風瞑想録』中村天風)と解説しています。なお、神仏について「もしも神だ仏だということを言いたかったならば、この素粒子という不思議(ふしぎ)なものをつくった、目に見えない力が神だ仏だと言えば間違いないでしょう。」(出典『君に成功を贈る』中村天風)とも述べています。

そして、われわれは「自力でなく他力でもって生かされている」、「他力とは何かというと、科学的に言えば、さきほど申した素粒子から発現する宇宙エネルギーです。元来、お互いがこの世に生まれたのが、この宇宙エネルギーのおかげなんですから。」、「生きているのは宇宙エネルギーのおかげなんですぜ。」(以上、出典『君に成功を贈る』中村天風)などと補足し、「宇宙霊」をエネルギーの側面からとらえて「宇

2章　諸宗教と宇宙エネルギー（宇宙霊）

宙エネルギー」とも呼んで紹介しています。なお、「宇宙霊」つまり力（エネルギー）は見えざる存在だと言っていますが、エネルギーの一つの形態が光ですから人間には火や稲光として見えたのだとも考えられます。

　1930（昭和5）年に設立された「生長の家」の谷口雅春は、「神さまはどこにでもいらっしゃるのです。（中略）あまり大きすぎて目に見えないのであります。」、「神さまには限りがないから見えないのです。」、「目に見えないが、こんなに大きな力が、法則という絶対的な力がどこにも、かしこにもみちているのです。その力を神というのです。」、「神さまが此の世界をお造りになりましたのは、色々の材料を使って、（中略）造りかためたのではないのであります。」、「『心』がすべてのものの材料になっているのです。『心』がすべてのものの設計になっているのであり、さらに『心』がすべてのものを造る力になっているのであります。」（以上、出典『新版　生活読本』谷口雅春）、「私達は神と同じすがたにつくられた『神の子』だったのです。神という語のかわりに、仏と言っても同じことです。」、「『神様』と『仏様』は同じだということ」、「私達をつくってくださった『神様』『仏様』としっかり一緒になっていれば、『神様』『仏様』の智慧の光の泉が心の中に湧いて出て、自分の行く道を照らしてくださるから、ふしあわせだの、悲しい思いだのはないのです。」（以上、出典『人生読本』谷口雅春）などと、神仏について述べています。

1949（昭和24）年に生長の家を離脱し1955（昭和30）年に「白光真宏会」を設立した五井昌久は神仏について、「神仏いいかえれば絶対者、大生命」、「神仏は直接、眼に見えず、手にも触れません。しかし人間の内部にあり、外部にあることも事実です。宇宙に満ち充ちていると形容できることも事実です。」、「神は愛であり、仏は大慈悲である」、「神の光は愛であり、調和であり、平安である」、「神は光明そのもの」、「光は即ち神」、「どんな人でも、神の大生命の中で生かされているのです」、「つねにつねに神と自己とを離さずに、いつも神のみ心の中で生きつづけてゆく、という想念の練習をすること」、「人間のほうでどのように思おうと、神のみ心はどのような人間の上にも働きかけているのです」、「人間はみな神の分け命であり、仏性をもった存在です。しかし、（中略）実際の生活の中で、その光明を現わさなければ、なんにもなりません。」、「誰しもこの世界の生活の中で、神仏のみ心を現わしてゆかなければならないのです。」、「神様は、この世の生活の中で、置かれた立場に即して、神のみ心を現わしてゆく、ということを願っておられるのですから」、「神というのは、創造主であり、すべてのすべてであり、天地に遍満している大智慧大能力であり、すべての生命の源である。大生命でもある。そして、人間各自の内部にも存在している。」、「神というのは、ふつう、一なる宇宙神のことをさしていっているわけですが、この宇宙神というのは（中略）、大宇宙全般を統一し動かしていられる大生命の原理であり、大自然の実体であるわけです。生きとし生けるあらゆ

2章　諸宗教と宇宙エネルギー（宇宙霊）

るもの、この世もあの世もあらゆる世界に存在するすべてのものは、みなこの原理の中、実体の中から生まれ出でているのであります。ですから万物神によりてならざるはなし、ということになります。」、「神様といういい方も、基本的なしっかりした宗教観念がないと、（中略）せっかく神仏においては、一つにつながっている人間たちが、宗教宗派があるために、かえって相容れない垣をつくってしまっている、ということになります。」、「宇宙自然の要素を科学的な言葉が、各種の宇宙線と呼ぼうと、原子、電子、微粒子、素粒子と呼ぼうと、（中略）種々の元素の集合したものからできたものだといおうと、その奥底に働いているものに大智慧大能力なくしては、この大宇宙が秩序整然として運行をしていたり、小宇宙ともいうべき人類が、今日のような（中略）智慧能力ある存在としてあるわけがありません。」、「こういう智慧能力をもった生命エネルギーの根源の存在を、私たちは大生命とも呼び、神とも呼んでいるのであります。」、「神という言葉の嫌な人は、大宇宙と呼んでも、大自然と呼んでも、大生命と呼んでもいっこう差し支えありません」、「神とは大宇宙にみなぎり、ひろがっている大智慧、大能力そのものである生命（創造）エネルギーといってもよいし、小は電子、微粒子そのものから、大は宇宙くまなくひろがっている生命の原理ともいえるもの」、「一人の人間は、宇宙大生命、いいかえれば創造エネルギーの、（中略）直霊から分かれた分け命」、「人類の本質は神の子であり、愛であり、調和であるのです」（以上、出典『非常識・常識・超常識』五井昌久）などと述

べ、句の冒頭が有名な「世界人類が平和でありますように……」で始まる『世界平和の祈り』を残しています。

　1938（昭和13）年に創立された「立正佼成会」の庭野日敬は、「最も素朴な信仰のしかたというのは、神とか仏というものを、自分の外側に存在する絶対の力と考え、その力によって自分は守られ、導かれていると信ずることです。」と述べ、併せて、漫然と思念するのではなく神さま・仏さま・宇宙の根源的エネルギー・自分を生かしてくれている力に対して意識を向け確固たる思いで思念することが大切だ、という趣旨の見解も述べています。

　さらに、「宗教は ── それが正しい宗教であるかぎり ── 人間というものは〈物〉だけで養われるものではない、〈物〉によってのみ生きているのではない、目に見えない大きな力によって生かされているのだということを教えます。一口にいえば、その大きな力を信仰するのが宗教だといってもいいのです。ある宗教では、その大きな力を〈神〉と呼び、ある宗教では〈仏〉と呼びます。」、「われわれを生かしている力というものは、外側だけにあるのではない。内側だけにあるのでもない。内・外のへだてなく、この宇宙に満ち満ちているのです。これこそが真理なのです。」、「この宇宙には、宇宙全体を支配している大きな力ともいうべきものがあるということです。生物・無生物をひっくるめて、ものすべての存在をつらぬいている一つの力がある。その力によってすべては存在しているのである。その力を釈尊

2章　諸宗教と宇宙エネルギー（宇宙霊）

は〈仏〉と名づけました。キリストは〈神〉と名づけました。ある哲学者は〈宇宙の意志〉と呼んでおります。」、「宗教というものは、その究極をいえば、われわれの生命の本体、われわれを生かしているこの宇宙の力というか、大法則というか、そういう根源的エネルギーに、直感的に結びつくことを教えるものです。」、「その根源的エネルギーによって自分は生かされているのだ —— という、確固たる信念をもちうれば、自分の生命に対して、深い、強い自信ができます。(中略) これが、いわゆる悟りの境地です。」、「そのような根源的エネルギーはわれわれの外側にあるものでなく、また内側だけにあるものでもありません。内も外もない、この宇宙全体に遍満しているのです。」、「原子物理学のきわめたところによれば、この宇宙のすべての物質は、電子・陽子・中性子・中間子その他の素粒子からできているとされています。(中略) これ以上細かく分けることはできないというギリギリまで考えたのが、そういう素粒子だとしても、そこに素粒子という〈物〉が存在するかぎり、その素粒子をつくっているものは何だろう？—— という疑問が起こってくるはずです。学者たちは、〈素粒子をつくっているのはエネルギーである〉といっています。」、「そのエネルギーといえば、もちろん目にも見えませんし、これがエネルギーだと取り出すこともできないものです。ですから、結局、エネルギーというものは、一見〈無い〉ようであるが、しかし、たしかに〈在る〉ものです。」、「すべてのものは、すべての大本は一種類のエネルギーというものからできているということになりま

す。」(以上、出典『人間らしく生きる』庭野日敬) などと、神仏や根源的エネルギーについて述べています。

　以上、長々と「神」「仏」「宇宙霊」(崇高な存在) について過去に読書してきた内容を列記してきましたが、その呼称は区々異なるものの「崇高な存在＝(光に象徴される) 崇高なエネルギー」という概念は、多くの既存宗教、新宗教、宗教哲学を見る限り、最大公約数的な共通認識となっていると考えられます。

3章　仏教について

0．はじめに

　前章では、「宇宙エネルギー」「宇宙霊」「神仏」などと表現される「人智の及ばぬ神秘的で崇高な存在」について述べてきました。

　中村天風は「大自然の中では弱小で微力な人間は、この崇高な宇宙霊との何らかの繋がりが必須である」とも示しています。しかし哲学者でも修行者でもない私は自力で道を拓くことは到底不可能なので、哲学または宗教といった何らかの助けによって「崇高な存在」とつながっていく他に方法はないと考えました。そして紆余曲折はありましたが、自分にとって最適な道として最初にたどり着いたのが仏教でした。

　そもそも仏教とは宗教というより、むしろ哲学であるという見解があり、実際に『TIME FOR KIDS ALMANAC 2009（タイム子ども年鑑　2009）』によると、「多くの人々は仏教は特定の仏を信仰する宗教だと考えているが、むしろ本質的には仏教とは生きることに関する考え方や哲学といったものである」と解説されています。

　また、ルー・マリノフ博士の『PLATO, NOT PROZAC! Applying Eternal Wisdom to Everyday Ploblem［プロザック（抗うつ剤）でなくプラトン（哲学者）を！　永遠の智慧を日常

問題に適用しつつ]』という著作には、「私の経験では、悲しみを乗り越えるには仏教の理論と実践がいちばん頼りになる。仏教は悲しみに対するもっとも健全な哲学を与えてくれる。この考え方を実践すれば、破滅的な習慣を建設的な習慣に置き換えることができる」と記されています。西洋哲学を専攻するマリノフ博士が敢えて仏教を推していることは、他の諸宗教や哲学と比較して仏教が非常に有用である証左だと考えられます。

（余談ですが、私にとっても仏教は人生を生きる知恵として最もしっくりくると感じています）

ただし、長い歴史を経て5000巻以上にまで増えたと言われる膨大な経典を個人で通読して仏教全体の概念を理解し把握することは到底不可能なことです。さらに仏教の根本的教義は同じはずなのに、宗派が複雑多岐に分立して教義について「群盲、象を撫でる」状態となっているとしか思われず、何れか特定の宗派に入門して仏教の根本的教義を偏りなく理解することは至難であろう、というのが私の率直な印象でした。

さらに、仮に仏教を独学するにしても経文自体が難解な漢文であり、その現代語訳でさえ難解なため、ブッダの教え（智慧、真理）の核心部分を理解することは至難であろうと予想され、私は本腰を入れて仏教に取り組むことはできませんでした。

その後、行き当たりばったりで特段のモチベーションもな

く仏教関係の一般出版物をあれこれ読みつつ十数年を過ごすうちに、「縁起（因縁生起）の法」が仏教の根幹をなす哲学だと認識するに至りました。

その認識の契機となったのが『ブッダ物語』（中村元・田辺和子共著、岩波書店）で、ブッダが「菩提樹下の瞑想」により仏教教理の基盤となる最高真理「因縁生起の法」を悟ったことが記されており、その内容について大略以下のように記されていました。

1. 仏教教理の根本哲学「因縁生起の法」
　　……彼岸に至る智慧「般若波羅蜜多」

そもそも大多数の人々は、「ものごとは永遠不変で確実な実体として存在する」と思い込み、それらへの執着心から生じる苦しみから逃れられません（人生の苦悩の根本原因は「執着心」にあることを究明）。

人生に付きもののそのような苦しみにどう対処すればよいのか、ブッダは正しい瞑想により深い洞察を重ねた結果、「ものごとは例外なく必ず変化してゆき、実体のある永遠のものはない」という真理を明らかにしました。そして、人々がこの真理を認識できるようになれば、執着することの無意味さを納得できて、執着心から解放され真の安らぎが開けてくる、ということを悟りました（「執着心」を克服する道を開拓）。

彼はこの命題について瞑想をさらに深めた末に、「すべて

のものごとは無数の不可視の因子（因）が環境・条件（縁）に依って集合し合体して成立（果）しており、環境・条件（縁）が希薄となれば無数の因子（因）となって分解離散し雲散霧消したかのよう（『空』の状態）になる」と、ものごとの真実の姿を正しく明らかに見極めました（「因縁生起の法」を照見）。

　なお、「因縁生起」は「縁起」や「因縁」とも略称され、「因縁生起の法」「縁起の法」「因縁の法」とも称されます。

【注】
「法」とは真理や道理や仏法のこと。

　さらに「因縁生起」は、古代インド言語で「彼岸に至る智慧」という意味の言葉を音写した「般若波羅蜜多」（略して「般若」）と呼ばれたり、略称や意訳されて「智慧」、「慧」、「明」と呼ばれることもあります。

　さらに「因縁生起の法」について、私が読んだ出版物には以下のような記述も見られ、これこそが仏教哲学（教理）の絶対的基盤であり最高真理だとされる証左だと再認識するに至りました。

- 縁起は仏教思想の中心で、釈尊の教えはこの縁起の法から展開されます（『南無手帳』松原泰道著述部分より）。

3章　仏教について

- 釈尊は実にこの「因縁の真理」を体得せられて、ついに仏陀となったのです（菩提樹下の成道）。
- 釈尊は自ら「因縁の真理」を発見されて、まさしく仏となられました。釈尊をして真に仏陀たらしめたものは、まったくこの「因縁の真理」なのです。
- 「因縁の真理」の教えが仏教だと言えるのです。「因縁の真理」を信ずるものこそ、まさしく仏教を信ずるものです。
- 釈尊は仏教を信ぜよと言うことはなく、「因縁の法」を信ぜよと言っています。（さらに言えば）仏教的か否かなどという問題ではないのです。万物縁によって生じる（滅する）ということは本当に事実なのです。真実なのです。事実は、真実は、何よりも雄弁です。
- 「因縁の真理」は仏教の真理であり、宇宙の真理であり、不朽の真理であります。

　　　　　　　　（『般若心経講義』高神覚昇著より抄出）

　さらにこの『般若心経講義』において、「『般若心経』は約600巻から成る『大般若経』の真髄であるだけでなく、簡潔ながら数多の仏教経典のうちでも最も肝心要の重要な経典で、あらゆる大乗仏教聖典の真髄であり核心であり、これほど簡単にして要を得た聖典は断じて他にないと思う」、と述べられています。

　そこで、私は『般若心経』を読み解き、仏教の本質的基盤である「縁起（因縁生起）の法」について考察を試みること

としました。

1.1.『般若心経』と「縁」、そして「五蘊(ごうん)」

『般若心経』の中で、最高真理「般若波羅蜜多（彼岸に至る智慧）」の内容を示すキーフレーズは「色即是空　空即是色」だとされますが、このフレーズと「因縁生起」との論理的関係が定かでないので、以下のように考えてみました。

　（ちなみに「因縁生起」とは、私は高校レベルの漢文訓読ながら「縁に因(よ)って生起する」と読み下すことが自然だと考えています）

「縁」とは何か考えながら様々な仏教関係書を読む中で、般若心経の科学的「心訳」・『生きて死ぬ智慧』（柳澤桂子著）に下記のような印象的な記述を発見しました。
「宇宙は粒子に満ちています　粒子は自由に動き回って　形を変えて　おたがいの関係の　安定したところで静止します」
　さらに、「人も物も原子からできています。原子の飛び交っている空間の中に、ところどころ原子が密に存在するところがあり、そのように原子の密度が高いところが人や物という物質があるということです。人も物も原子の存在の濃淡でしかありません。」という趣旨の記述も添えられていました。
　そこで同書から、自然科学的な着眼点（例えば、素粒子から原子が構成され、原子が結合して分子となり物質となって

3章　仏教について

いくというような……）から考察するというヒントを得て、「原子は、おたがいの関係の安定したところで静止し、その密度が高いところが物質があるということ」という趣旨の表現から、私なりに原子の間に働く電磁気力（クーロン力）、万有引力（重力）などの「力（エネルギー）」により原子の密度の高い状態が発生し原子同士が「結合」したような状態となるのだという学生時代の知識を思い起こしました。

　さらに、これらの電磁気力や万有引力とは「電磁場」や「万有引力の場（重力場）」というエネルギーの「場」の働き（影響力）が存在する場所であり、そのような「場」の作用によって原子密度の高い状態になるものとも考えられるわけです。

　つまり「縁」とは、電磁気力や万有引力などの「力（エネルギー）」やエネルギーの「場」というものだという考えに至ったわけです。

（参考）物理学において電磁相互作用や重力相互作用などの相互作用がいくつか存在し、それらに対応する「場」の理論が研究されている。マイケル・ファラデーは、電場および磁場は粒子の運動を決定付ける「力の場」であるだけでなく、それら（電場、磁場）は「エネルギー」を蓄えており、独立した物理的実在であると考えた。この発想はジェームス・マクスウェルによる電磁場の方程式につながり、物理理論の中で初の「統一場理論」となった（Wikipediaより一部抜粋し要約引用）。

ただ、『般若心経』自体には「縁」という表現はありません。しかし、先述の『ブッダ物語』には「縁」について「すべてのものごとは無数の不可視の因子（因）が環境・条件（縁）に依って集合し合体して成立（果）しており、環境・条件（縁）が希薄となれば無数の因子（因）となって分解離散し雲散霧消したかのよう（『空』の状態）になる」という趣旨の記述があり、さらに既述（松原師、高神師の引用文）のように「因縁、縁起」という表現に「縁」の文字が明示されていることから、「縁」の存在を想定して考えを進めました。

　なお「縁起説の原型」（中村元著）という論文には、最古の仏典のひとつとされる『スッタニパータ Suttanipāta』の一節の「生起と消滅ということの意義と、それの起こるもととなっているもの」（Sn.#869）という原文があり、これが最古層の仏典における縁起説の古形と見られるものとして紹介され、仏教の最初期から「縁」の概念は既に存在していたものと考えられているようです。

　従って、それ以降に成立した『般若心経』の経文自体には「縁」の文字はなくとも、「縁」の概念はあったと想定しても支障ないと考えています。

　以上のようなことから既述のとおり、電磁気力（電磁場）や万有引力（重力場）といったエネルギーの影響力を「縁」と呼ぶこととして以下の論を進めていきたいと思います。

3章 仏教について

1.1.1.「色即是空　空即是色」と「縁」

先ずは、『般若心経』の有名なフレーズ「色即是空　空即是色」つまり「色（有形）は空（無形）であり　空は色である」という一節を素粒子のレベルで考察してみました。

１）色即是空
「色即是空」とは、素粒子や原子が「縁」によって結合し形成された物質「色」が、「縁」が薄れると、バラバラに分解し離散して素粒子や原子として空間に飛散し一見何も無い「空」の状態となることです。

つまり「色即是空」とは、形あるモノ「色」は、「縁」の影響力が薄れると、そのモノを構成する分子や原子や素粒子にまでバラバラに分解し離散して、元のモノは形を失い原子や素粒子として空間を飛び回っている状態、すなわち一見何も無い「空」の状態になることを示しています。換言するなら、原子密度が高い「色」の状態は、「縁」の影響力が弱まれば原子密度の低い「空」の状態となってしまう、ということでもあります。

物質は、分子、原子、素粒子が電磁気力や万有引力などの「エネルギー（縁）」で引かれ合い、（イオン結合や共有結合などの結合形態で）結合して形を成したモノです。ですから「エネルギー（縁）」が弱まり結合力が弱まると、形ある物質は分子、原子へとバラバラに分散し究極的には素粒子となって宇宙空間を飛び回り、目に見る限りでは跡形も無くなるということなのです。

つまり「色即是空」とは、「縁」が弱まると形あるモノ「色」は（原子や素粒子などが飛び回ってはいるが何も目に見えない）「空」の状態となる、という意味のフレーズだということです。

　このフレーズは表面的には虚無的でネガティブな印象を受けがちです。確かに、「縁」の影響下にある諸行無常の現実世界では「色」はいずれは「空」となることが不可避です。

　だからこそ、執着心（我執）に惑わされ苦悩に囚われて「今（現在）」を無為に過ごしてしまうことなく、執着心を捨てて「今を大切に生き」続ければ、いつの日にか「縁」に恵まれ「空から色となるだろう！」と希望を持ち続けることが大切となります。これを示したのが次の「空即是色」というフレーズです。

2）空即是色
「空即是色」とは、空間に飛散していて目には見えない状態（「空」の状態）にある素粒子や原子が、「縁」の影響力で結合し「色」（物質）となることを示しています。

　つまり「空即是色」とは、目には見えない原子や素粒子がランダムに空間を飛び回っている「空」の状態において、これらの粒子が巡り合い「縁」（エネルギー）に恵まれて原子密度が高く結合したような状態となれば「色」（物質）が生じるということです。このことは、「因」（原子、素粒子）が「縁」（エネルギー）に遭遇して物質「果」（物質）を形成する「因・縁・果」の連鎖を想起させます。

さらにこの「空即是色」は換言するならば、原子や素粒子が宇宙空間をランダムに飛び回ってはいるがそれらの密度が低い「空」の状態であっても、「縁」の影響力が強い場所（エネルギー密度の高い場所）付近でそれらの複数の粒子が偶然に出会えば、その場の「縁」（エネルギー）が働き、それらの粒子同士の密度が高い結合した状態となって「色」（物質）となるということでもあります。

「空即是色」においては、「空」（一見すれば「無」であること）を表面的にだけ受け止め、虚無的になってしまうような態度を取らず、いずれ機会が巡り「縁」に恵まれれば「色」が生じる可能性があるのだから、「諦めない」ことの大切さを示したポジティブな教えだとも言えそうです。

3）受想行識

「受想行識（意識・精神作用）」についても、神経伝達を担う化学物質や神経伝達信号の微弱電流といった物理化学的な視点で類推すると、『般若心経』の「受想行識　亦復如是」というフレーズは、「受想行識」にも因縁生起の法が作用し「縁」が働いていて、「受想行識」と「空」との互換関係が成立しているということを示しています。

　なお、物質から意識・精神作用までの全事象は「五蘊（色受想行識）」とも称されるので、前述の「色即是空　空即是色」というフレーズを「受想行識」まで展開して言い換えれば「五蘊即是空　空即是五蘊」ということもできます。

4）五蘊（色受想行識）

『般若心経』には、「観自在菩薩は、五蘊はすべて空であると明らかに見きわめられ（照見五蘊皆空）、一切の苦厄を克服された（度一切苦厄）」との記述があります。つまり、観自在菩薩は「五蘊は縁によって生滅するため、縁が薄れれば空となるし、空の状態であっても縁に恵まれれば五蘊ともなる」という真理を照見されて、一切の苦厄を克服されたということです。

　そして、五蘊は永遠不変ではありえない（五蘊無常）ので、この真実を踏まえると一切の執着から解脱することができ、執着から派生する苦悩から解放された人生を生きることができる、というようにブッダの悟った最高真理「般若波羅蜜多」を理解することができます。

　以上のように「すべては縁によって生じ、縁によって滅びる」ということを振り返ると、「因縁生起」というフレーズは「縁」によって「生起」する方向の「空即是色」しか表現していないので、逆に「縁」が薄れた場合には「色」は「空」となってしまう「色即是空」を表現する「因縁消滅（縁に因って消滅す）」の意味も併せて、「因縁生滅（縁によって生じ滅する）」というフレーズの方が「縁」による双方向への変化のイメージが表現され、『般若心経』の「色即是空　空即是色」の一節を過不足なく表現できると考えます。

　蛇足ながら、「縁に因って生滅」するので「色即是空　空即是色」となるわけであり、「諸行無常」（すべてのものは移

り変わり永遠不変のものはない)、「諸法無我」(すべてのものには永遠不変の実体はない)の二句も、同様の真理を表現したものだと思います。

1.2.1. 色即是空　空即是色

上記のように、「色」(肉体や物質など形あるモノ) はすべて「縁」(結合力、場のエネルギー) が弱まれば形が消滅し「空」となる宿命にあります。逆に、一見何もない「空」の状態であっても、それは宇宙空間や空中に原子や素粒子がランダムに飛び交っている状態なので、「縁」あって場のエネルギー密度の高い場所に複数の粒子が偶然に来合わせたら、粒子同士が結合して原子となり「色」(形あるモノ) となっていきます。

つまり、「色」(モノ) に執着していても、いずれの日にか「縁」が薄れて形は消滅し「空」となっていく宿命にあるので、今現在の時点では人や物事に過度に執着し苦しんでも意味がなく、「ただただ今を生きること」を大切にすべきだということになります。

逆に、「空」の状態であっても今現在の時点で虚無的になって絶望すべきではなく、それは(原子や素粒子が飛び交ってはいるが、目には何も見えない)「無」にしか見えない状態であって、「縁」に遭遇すれば「色」となって形を結んでいくわけなので、将来に向けて希望を持ちつつ、当面する今を大切に生きるべきだということになります。

以上のように「縁」をキーワードに「色即是空　空即是色」を読み解くと、「因縁生滅」とは、「すべては縁によって生じ滅していくので、執着心に囚われ停滞してしまうことなく、ただただ今を大切に生きることが肝要だ」という真理を示したものだ、と受け止めることができると思います。

2．さらに「縁」について考える

「因縁生滅（すべては縁によって生じ、縁によって滅ぶ）」の真理を感得するには、「縁」について充分に認識しておく必要があります。

　そもそも「縁」とは前述のように私見ながら、電磁気力や重力の「場」（環境）の影響力や、粒子間の電磁気力や引力など「相互」の影響力として作用するエネルギーを包括的に指すものだと考えました。これは宇宙に広く普遍的に存在するけれども不可視の人智を超越したエネルギー（Universal Supreme Energy）であり、エネルギーなので光（電磁波の可視光線）としても感知され、光をシンボルとする「神仏」として古くから崇敬されてきたものではないかと考えました。

　そして、この光輝を放つ崇敬すべき存在（エネルギー）は「神 God、ヤハウェ Yahweh ＝エホバ Jehovah、アッラー Allah」、「イエス Jesus」、「大日（毘盧遮那）如来、阿弥陀如来」、「釈迦如来」、「天之御中主神」、「天照大神」などと呼ばれてきたのだ、と私は受け止めています。

3章　仏教について

　なお、重複しますが、「縁」は上述したように電磁気力や重力の「場」(環境)の力や、また粒子間の電磁気力や万有引力などの「相互」の力、といったエネルギーの一形態として作用します。

　そして、「縁」は形態としては可視から不可視の周波数の電磁波(光波、電波、放射線)や音波などの波動エネルギー、雷光(光波)や雷鳴(音波)や熱にも変換される電気エネルギー、熱エネルギーなどさまざまな形態を取り得ることが考えられます。つまり、エネルギーは力学的エネルギー、熱エネルギー、電気エネルギー、放射エネルギー(放射線、電磁波、光)、化学エネルギーといったいろいろな形態をとり、それらは互いに変化(互換)し得るわけです。

　さらに、アインシュタインは時間と空間は相互不可分で一体となっていることを示し、これを「時空」と呼び、宇宙に分布している物質とエネルギーが時空を歪め湾曲させ、その結果として重力が働くこと、つまり時空が歪んで「重力場」が生じる、ということを一般相対性理論(1915年)で提唱しました。このことから私は、「重力場」も「電磁場」と同様にエネルギーと表裏一体の関係にあると考えました。そして、これらのことから、「縁」は「場」のエネルギーでもあり不可視の影響力をすべての事象に及ぼす、という推論も成り立つと考えています。

　従って、すべての事象は「縁」の影響力によって生滅するという「因縁生起の法」は、物理学的に理解することが可能ではないかと考えました。

2.1.「縁」について……「縁」＝宇宙エネルギー（宇宙霊）＝神仏（天）

「縁」とは宇宙に広く普遍的に分布し存在する人智を超越した偉大なエネルギー（Universal Supreme Energy）であり、「光」（放射エネルギー）として感知された場合には、それは人間から「光り輝く崇高なもの」として敬われ、「神仏」と呼ばれて受容されてきたものだ、と考えました（中村天風はこれを「宇宙霊」と呼ぶ）。

つまり「縁」は、民族や地域によって呼称は異なるものの「光り輝く崇敬すべき存在」の「神仏」として洋の東西を問わず受容されてきたそのものだと考えます。

ちなみに、「造物主」とも称されるこの偉大なエネルギーは、「光輝あるもの」と捉えられはしても姿形は不可視であることからか、イスラム教やユダヤ教ではこれを偶像化すること、そして偶像崇拝も厳しく禁止されています。

さて、前章では神仏（宇宙霊）はエネルギー体であろうとの諸説を概観してきました。そして、この章で紹介してきたように「縁」は光など様々なエネルギー形態を取りうると考えてきたのですが、古代の人々にはもっぱら「光エネルギー」として感知され、それが仏教の場合は例えば光明に包まれた如来の姿として偶像化され「大日如来（毘盧遮那如来）」や「阿弥陀如来」などになったのだろうという推測に至ったわけです。

「大日如来」は、その光明が遍(あまね)く照らすので大日（太陽）の

名が冠され「遍照如来」とも呼ばれています。また、「毘盧遮那如来」は万物を照らす宇宙的存在の如来仏だとされ、密教では大日如来と同一と見なされているとのことです。
「阿弥陀如来」とはサンスクリット語で「アミターバ（無量光……無量の光を放つ）」という語を音写したもので、「不可思議光如来」や「尽十方無碍光如来」とも呼ばれていることから光の如来だと認識できます。

　以上のように光明と諸如来仏との関係性から、光の如来仏＝エネルギー＝「縁」と敷衍して考えることは不自然ではなく、したがって仏教の真髄である「縁」を象徴的に偶像化したものが「光の諸如来仏」だと自然に考えるようになりました。

　ちなみに、私は個人的には阿弥陀如来を拝しますが、ご本尊の偶像（仏像や絵像）の本体（御尊顔や御神体）そのものではなく、光背の後光を「縁」（宇宙エネルギー）と見なして、エネルギーと自分との繋がりを確かめるようにして合掌礼拝しています。

　なお、前出の『生きて死ぬ智慧』の著者は、ブッダの「般若波羅蜜多」の悟りについて以下のように述べています。
「現代科学に照らしても、釈尊がいかに真実を見通していたかということは、驚くべきことであると思います。」
「このように宇宙の真実に目覚めた人は、物事に執着するということがなくなり、何事も淡々と受け容れることができる

ようになります。これがお釈迦さまの悟られたことであると私は思います。」

3.『般若心経』要約

最後に、諸先達の翻訳も参考にしつつ私なりに原文の理解を試み、思い切って要点のみを抄出し意訳した『般若心経』を以下の通り提示しておきます。

観自在菩薩　行深般若波羅蜜多時　照見五蘊皆空　度一切苦厄
⇒観自在菩薩は、「般若波羅蜜多（彼岸に至る智慧）」をベースにして考え行動するようになられた時に、「<u>五蘊</u>」はすべて「空」であると明察され、それに伴って<u>一切の苦悩災厄を乗り越えられる</u>ようになられました。

色即是空　空即是色　受想行識　亦復如是
⇒「色（有形の物質）」は「空」となり、「空」は「色」ともなります。同様に、「受想行識（無形の意識・精神作用）」も「空」となり、「空」は「受想行識」ともなります（つまり、「色と受想行識」をあわせた「<u>五蘊</u>」は「空」となり、「空」は「<u>五蘊</u>」ともなります）。

依般若波羅蜜多故　心無罣礙　無罣礙故　無有恐怖　遠離一切顛倒夢想　究竟涅槃

⇒「般若波羅蜜多」に依拠すれば、心に囚われが無くなり、そのため恐怖も無くなり、一切の倒錯した夢想（妄想）からも解放され、涅槃を深く究められます。

依般若波羅蜜多故　得阿耨多羅三藐三菩提

⇒つまり、「般若波羅蜜多」に依れば、「阿耨多羅三藐三菩提（最高真理の般若波羅蜜多を完全に悟った境地）」を得ることができます。

般若波羅蜜多呪　即説呪曰

⇒「般若波羅蜜多」の呪文は、即ち次のように唱えます。

「ギャーテー　ギャーテー　ハーラーギャーテー
（羯諦　羯諦　波羅羯諦）」
　　　往こう！　往こう！　悟りの境地へ往こう！
「ハラソーギャーテー（波羅僧羯諦）」
　　　悟りの境地へ共に往こう！
「ボーディー　ソーワーカー（菩提薩婆訶）」
　　　悟りよ、成就され幸いあれ！

4．「四聖諦（Four Noble Truths）」

　……仏教における人生の行動指針と、より良く生きるべき理由

　菩提樹下の瞑想によりブッダはついに最高真理「縁起の法（般若波羅蜜多）」を悟ったものの、この真理は極めて深遠かつ難解なため一般人がこの真理によって悟りに至ることは至難であると彼自身は考え、一旦はこれを説くことを見合わせました。

　しかし「梵天勧請（後述）」によりブッダは思い直して、「縁起の法」を理解し易く方法論的に展開した「四聖諦（『八正道』含む）」を「中道」の考え方とともに、「より良く生きるための智慧」として説くことにしました。そして、彼はベナレス近くの鹿野苑で最初の説法「初転法輪」に臨みました。

「四聖諦」は「四つの聖なる真理」（Four Noble Truths）という意味合いがあり、釈尊が一貫して説いた人生の要諦でもあります。特に、第四真理の「道諦」に示された「八正道」は生活上の重要な行動指針だと考えます。

　そして私見ながら、「八正道」の実践を通じて「霊魂（徳、善根）を高める」ことが、我々に与えられた人生随一で最大の命題であると感じています。つまり、少なからぬ試練が不可避の人生において、それらの試練を通じて自分に与えられた霊魂（分御霊）を磨き高めて、命終える際に「天（神仏・

造物主＝宇宙エネルギー）」にお返しすることが人生の根本命題であろうということです。さらに換言するならば、四苦八苦が必定の人生を通じ、それらの多難な試練に鍛えられつつ、「八正道」の実践により霊魂（分御霊）を磨き高めて、最期に「天」にお返しする……これが我々の「生きる意味（人生の目的）」だと考えます。

　四聖諦は、以下の「苦・集・滅・道」の四つの真理で構成されています。

Ⅰ．苦諦……人生は「苦」である、と明らかにされた真理。
　　人生では四苦八苦が不可避で苦を必然的に伴うもの、ということが示されています。
　　なお、四苦八苦とは、生老病死の四苦と、怨憎会苦（憎く嫌いな人と会わねばならない苦）、愛別離苦（愛する人と別離せねばならない苦）、求不得苦（欲しくて求めている物が得られない苦）、五蘊盛苦（心身の煩悩執着が盛んとなり起こる苦）の四苦を合わせた八苦を示しています。
Ⅱ．集諦……苦は煩悩の「集」まりから起こる、と明らかにされた真理。
　　苦の原因は執着（煩悩）にある、ということが示されています。
Ⅲ．滅諦……執着（煩悩）を「滅」すれば、苦は解消し心

静かな涅槃の境地に至る、と明らかにされた真理。
つまり、苦を滅するには執着を断ち煩悩から離れる以外に道はない、という真理が示されています。なお、執着を断つには「因縁生起の法」の本質的な理解が必要なのですが、方法論的なアプローチを示したこの「四聖諦」では直接的にはこれに触れられていません。

Ⅳ．道諦……八正「道」を行えば執着を滅することができる、と明らかにされた真理。
仏教の最も重要な実践徳目とされる「八正道」を日常生活の行動指針として生きることにより、執着を断ち煩悩から離脱し涅槃の境地に至ることができる、という真理が示されています。

5．「八正道」

①正見　Right Views……公平に観察し正しくものを見る。自己中心的にならぬよう他者の立場にも立って、正しく見るようにすること。

②正思　Right Thought……正見に基づき、正しく考え、正しい思いを持つ。
離欲、無瞋（むしん）（怒り憎しみ恨み無く）、無害な、正しい思惟をする。

③正語　Right Speech, plain and truthful……正見に基づき、平易で真実に満ちた正しい言葉を語る。
妄語（嘘、妄言）、綺語（無駄話）、両舌（二枚舌、仲違

いさせる言葉)、悪口(粗暴な言葉、悪口)を仏教では厳に戒めている。

④正業　Right Conducted Act……正見に基づき、正しい行いをする。

諸悪莫作(五戒を犯さず、諸々の悪事をせぬこと)。諸善奉行(人に喜んでもらえるような諸々の善を行うこと)。

⑤正命　Right Living……正見に基づき、正しく生命を燃やすこと。

食事、運動、睡眠、呼吸を正しく行いつつ、過食や深酒(薬物使用は厳禁)を避けること。

⑥正精進　Right Effort, always pressing on……正見に基づき、八正道を指針として、常に「精進」努力すること。なお、仏教では懈怠を強く戒めている。

⑦正念　Right Awareness of the present……正見に基づき、「今」に「心」して、心中深く思念すること。邪悪な思いを抱いて念ずるのは厳禁、「今(内外の現状)」を意識することが大切で、「氣無しに無意識に過ごす」ことはしない。

⑧正定　Right Meditation……正見に基づいて、(「呼吸を観る」瞑想により)集中力を高め正しく精神統一すること。

(＊正念と正定を積み重ねることが「正見」を高めることにつながるとされています)

「中道」

　ただし、八正道の道を究めることにこだわり過度の苦行をしたり、逆に怠惰となり安逸のなか快楽と愛欲に流されたり、といった両極端を避け「中道」を歩むことが肝要であるとされています。ちなみに、古代ギリシャの哲学者アリストテレスも、「感情と密接なつながりをもつ日常生活においては、過度と不足の両極端を避けて、その中庸を選ぶことを繰り返し、倫理的『徳』を形成していくことが求められる」と述べており、「中道、中庸」の普遍性が感じられます。

　また余談ながら、「初転法輪」の「法輪 Dharma-cakra」とは、仏教の道理「仏法」が車輪のように回り続け展開していく象徴で、その輪形を支える八つの輻（スポーク）は「八正道」を表したものです。この「法輪」は仏教のシンボルマークとして、キリスト教の「十字架」やユダヤ教の「ダビデの星」と同様に、国際的に認知され使用されています。
（日本では地形図で仏教寺院を示す「卍」印が仏教のシンボルマークと思われがちですが、国際的にはナチスの「鉄十字」マークと〈反対回りだが……〉誤認されかねないので要注意です。なお近年は、注意して見れば国内寺院でも「法輪」マークが掲示されているのが散見されます）

6．おまけの逸話

◆ブッダの生涯

　本書で固有名詞として「ブッダ」と表記してきた実在の人物の姓名は「ゴータマ・シッダールタ」で、ゴータマとは「太陽の末裔」、シッダールタとは「目的を完成した者」という意味があるそうです。

　一般名詞としてのブッダつまり「仏陀」とは、「宇宙全体の道理（因縁生起の法）に目覚めた人（悟りを得た人）」という意味で「覚者」とも呼ばれます。そして、悟りを得た後のブッダや諸仏を集合的に指す場合もあります。

　また「釈尊」とは、釈迦族出身の尊者（聖者）という意味の「釈迦牟尼世尊」からの略称で、真理（因縁生起の理）の悟りを得た後のゴータマ・シッダールタの固有名詞的な尊称だということになります。

　ブッダは今から約2500年前（紀元前463年）の４月８日に、ネパールに程近いインド北東部のヒマラヤ山麓にあったシャカ族の小国家（千葉県ほどの面積）の王子として生まれました。

　王子は生後すぐに７歩あるき天地を指さし「天上天下唯我独尊」と言ったという伝承がありますが、７歩とは「迷いの六道（地獄、餓鬼、畜生、修羅、人間、天上）」をめぐる輪廻転生の６歩を超越して、悟りの世界への１歩を踏み出した象徴だとされます。

誕生祝いに王宮を訪れたアシタ仙人に「王子は偉大な王か、救世主と呼べるほどの尊者になる」と父王は告げられ、王は王子が王位継承を拒み出家などせぬよう王子の心を惹きつけるために華やかな王宮の生活を準備し、年若いうちに美しい妃を迎えさせたりもしました。

　しかし、感受性が高く思慮深い若き王子は城門を出入りする際に、東門で老人を見ては「老苦」、南門で病人を見ては「病苦」、西門で葬列を見ては「死苦」という三つの苦悩を目の当たりにし、人生が無常で苦しみから逃れられないことを痛感し物思いに沈んでいたのですが、最後に北門で気高い修行者の姿を見て心打たれ出家の決意を固めた、という逸話が「四門出遊」として伝えられています。そして、ついに29歳の時に王子は地位も家族への愛着も振り切って王宮の生活を捨て一修行者となりました。

　身を削るほどの修行を6年も重ね35歳となったシッダールタは難行による心身の衰えが著しく、このような修行を続けていても悟りに達することは不可能だと痛感し難行苦行から離れることを決断しました。そして、彼は修行仲間から一人離れ衰弱し切った身体をネーランジャラー河畔で清めていたところ、通りすがりに彼の瀕死の姿を見て同情した村娘スジャータが持参していたヨーグルトを供してくれ、彼は辛うじて体力を回復させ新たに勇気を奮い起こしてブッダガヤ郊外の菩提樹の下に座し瞑想に入りました。

　瞑想を乱そうとする悪魔からの種々の誘惑や恐怖の試練を乗り越えながら7日間の瞑想を経て、紀元前428年12月

8日の明けの明星が輝く早暁に、ついに仏教教理の根本概念とされる「縁起の法（因縁生起の理）」と呼ばれる真理の智慧（般若波羅蜜多）を悟るに至りました。なお、この悟りに至った（成道した）ことにより、彼はシャカ族の尊者つまり「釈尊」とも呼ばれています。また、悟りに至った境地は「阿耨多羅三藐三菩提」と呼ばれます。

「縁起の法」を理解することは我執に囚われた俗世の一般の人々にとって至難だとブッダは考え、当初はこれを説法するつもりはまったくありませんでした。これを察知した梵天（バラモン教の最高神）が帝釈天（ヴェーダ神話の最有力神）を帯同してブッダの眼前に現れ、ブッダに対して合掌礼拝し「少数ながら汚れ少なき人々もいるので、彼らのためにその悟りを伝えるように……」と説得し、ようやく三度目の懇請に応じてブッダは人々に説法する意思を固めました。

　これは「梵天勧請」と呼ばれる有名な逸話ですが、バラモン教の最高神「梵天（ブラフマー）」（宇宙的生命・宇宙原理・宇宙我・大我などとも言われる）が、「縁起の法」を最高真理であり比類なき智慧で人類の財産であるとして着目し、わざわざブッダを説得したほど「縁起の法」が人類にとって重要で意義があることを象徴した逸話だと考えられます。

　ただし、ブッダは人々に説法する意思を固めたとはいえ、「縁起の法」が一般人にとって極めて難解であると彼は判断

し、これに代えてこれを方法論的に展開した「四聖諦」（八正道を含む）を「中道」の考え方とともに説くことにしました。

　そして彼は、修行離脱前まで苦楽を共にしてきた5人の修行者が苦行を続けている「鹿野苑」に赴きました。当初、彼らはブッダを脱落者として相手にしなかったのですが、その威厳に圧倒され次第に彼の説法に耳を傾け、ついには彼の最初の弟子となりました。記念すべきこの最初の説法は「初転法輪」と呼ばれています。

　その後、ブッダは45年間、80歳となるまで教えの旅を続けました。最晩年には、「自分は真理の法（縁起の法『般若波羅蜜多』）を伝えてきた。自らを灯とし拠り所として、他を拠り所としてはならない。法を灯とし拠り所として、他を拠り所としてはならない」との戒めを示しています。

　80歳の釈尊は最後の旅で病を得て、クシナガラの沙羅双樹の元に横たわり、「諸行は（縁に因って生滅するので）無常である。怠りなく努めよ」との言葉を残して紀元前383年2月15日に入滅されました。

　また、ブッダの人柄や説法の態度については、前掲の『ブッダ物語』には大略次のように述べられています。

　ブッダは真理を覚ろうと真摯に瞑想を深め、宇宙や人生のすべての事象に及ぶ普遍的な根本真理「縁起の法（因縁生

起の法)」を覚るに至った「哲学の人」であったと言えるでしょう。

　ちなみに、「縁起の法」つまり「般若波羅蜜多」は、「無上正覚（最上の正しい覚り）」や「等正覚」さらに「正遍知」とも呼ばれています。

　ブッダは菩提樹下の瞑想の際に誘惑や恐怖の数々の試練に打ち勝って示したような強い心を持つ一方で、その人柄は温厚で温情ある広い心を持ち、思考力に富む思慮深い人であり、落ち着いた態度で人々に接し、頼ってきた人々の心に温かい灯を点してくれるような人であったと伝えられています。

　なお、ブッダは仏教という宗教を興して、自分が教祖になろうなどとは一切考えたことはなかったし、人々に一方的に説法したり折伏しようとしたこともなかったそうです。このようなことから、仏教は広めたものではなく広まったものだとも言われています。

【補足】
✧「因縁生起」⇒「色即是空　空即是色」⇒「諸行無常　諸法無我　諸法空相」
✧「縁」＝「宇宙エネルギー（Universal Supreme Energy）」＝「宇宙霊」（中村天風師の命名）＝「神仏」つまり造物主、ゴッド（ヤハウェ、エホバ）、アッラー、大御霊、天之御中主

神、天照大神、如来仏（大日如来＝毘盧遮那如来、阿弥陀如来、薬師如来、釈迦如来）＝「天」

◇「自分にしてもらいたいことは、他の人にもそのようにしなさい」というイエスの黄金律（マタイ7.12、ルカ6.31）が、仏教の慈悲の心に通底するものとして、個人的には「善行」の指針と考えています。

◇仏教の本質に迫るため、釈尊自身の語った教えに最も近い原始仏教経典の一つとされる『法句経 Dhammapada』も参考にして、釈尊の悟り（教え）の真髄を探求したいと考えています。

◇「諸悪莫作、諸善奉行」は『法句経 Dhammapada』第183偈（通称「諸〈七〉仏通誡偈」）の一節で、釈尊はじめ諸仏からの教えが集約された有名な一節とされます。この偈（句）の全文は「諸悪莫作、諸善奉行、自浄其意、是諸仏教」で、「悪いことをせずに、善いことは進んで行い、自分の心を浄めること、これが諸仏の教えである」という意味であり、今でも東アジア諸国の仏教徒の間では広く浸透している有名な句です。

◇「般若波羅蜜多」（サンスクリット語の音写）は、「般若波羅蜜」や「般若」とも略称され、漢訳では「智慧」「慧」「明」とも呼ばれていて、菩提樹下の瞑想においてブッダが悟った仏教の最高真理であり「縁起（因縁生起）の法」とも呼ばれます。

◇「阿耨多羅三藐三菩提」（サンスクリット語の音写）は「三藐三菩提」「三菩提」とも略称され、漢訳では「等正覚」

「正覚」「正遍覚」「正遍智」「正遍知」とも呼ばれており、最高真理の「般若波羅蜜多」を完全に悟り生死の迷いを去った境地に至った状態を指します。
⋄ 「法 dharma」とは、仏法・真理・道理・理法・軌範や、宇宙の真理・本性・秩序を意味しています。故に、「仏法」とは「ブッダが説いた宇宙の真理」ということになりますが、一般的には「仏の悟った真理、仏の説いた教え、仏の説いた法」を意味しています。
⋄ ちなみに、「仏教」とは狭い意味で「仏の教え」「ブッダの教説」を指すのに対し、「仏法」はより広い範囲を包含する傾向があるようです。

4章　神仏と宇宙
（E = mc²……エネルギーと物質の互換関係）

　これまでに「神仏」とは「宇宙エネルギー（宇宙霊）」であり、「縁」や「氣」もそのようなエネルギーの形態のひとつだと推論することが妥当だと考えてきました。そこで、そのようなエネルギーが宇宙の過去（宇宙の起源）や未来にどのような関わりがあるのか調べてみることにしました。

　1929年ハッブルらは、全宇宙的なスケールで見ると、すべての銀河は互いに他のすべての銀河から遠ざかるように動いている、つまり宇宙は膨張している、ということを発表しました。これは20世紀の偉大な発見のひとつで、宇宙の起源についての議論を加速させるきっかけとなりました。

　1931年、ベルギーのカトリック司祭で天文学者でもあったジョルジュ・ルメートルは観測データから宇宙の膨張を導き出し、さらに現在ビッグバンと呼んでいる宇宙の起源について初めて研究し、宇宙に存在するいっさいのものは一つの微小で密度の極めて高い「始原の原子」の状態であったことを示しました。

　また、銀河が互いに遠ざかっているならば、遠い過去において銀河は互いに現在よりも近かったということで、現在の膨張割合から逆算して100億〜150億年前（最近では137億年前ないしは138億年前とされる）には、これらの銀河は密

4章　神仏と宇宙

集状態にあったはずだと推定されました。

　1948年にジョージ・ガモフが「ビッグバンの非常に熱い火の玉の名残である電波が現在も宇宙を満たしているはずだ」という仮説を提唱し、1965年にアルノ・ペンジャスとロバート・ウィルソンが宇宙マイクロ波背景放射を発見しその仮説を検証したことで、ビッグバンは確認されたことになります。

　1968年にスティーブン・ホーキングとロジャー・ペンローズは現時点で遠方の銀河から届く光線の時空の中での経路を検討し、アインシュタインの一般相対性理論の数学モデルで宇宙の始まりの特異点（物質すべてが、境界がゼロへと収縮した領域に閉じ込められた状態）が避けられないことを証明し定理を発表して、時間をも含め宇宙が巨大な大爆発「ビッグバン」で始まったに違いないことを示しました。この定理は、すべてを内包する宇宙全体が無限の密度の一点へと圧縮された点を起点としたビッグバンから宇宙が始まったことを示したものとされています。

　ちなみに、旧約聖書に「神は『光あれ』と言われた。すると光があった。」（創世記1.3）という記述があるように、宇宙の始まりの時点に「光」に象徴されるエネルギーの関与が連想されますが、これがビッグバンなのかもしれません。

1．宇宙の起源から未来への時間的展望

　宇宙は温度と密度が無限大であるビッグバンの特異点から

始まって、その大爆発後に宇宙が膨張するにつれて放射温度は低くなっていき、以下のような経過が概観されています。

なお、ビッグバンから138億年間の宇宙の歴史を138 mの長さで考え、現時点から過去を振り返った距離（長さ）で、1億年＝1 m、100万年＝1 cm、10万年＝1 mm、100年＝0.001 mm＝1 μm として、比較し実感できるようにカッコ内に示します。

- ビッグバンは138億年前（138 mの位置）。
- ビッグバンから0.01秒経過後の宇宙の温度は約1000億度となり、宇宙に散在する物質は光電子、電子、ニュートリノ、そしてそれらの反粒子であり、陽子と中性子もいくらか存在する状態であった。［素粒子レベル］
- 次の3分間で宇宙が約10億度まで冷えた時に、陽子と中性子が結合して水素やヘリウムなどの軽元素の原子核を形成し始めた。［原子核レベル］
- ビッグバンから数十万年後、宇宙温度は数千度にまで下がり、自由に飛び交っていた電子は原子核と結合し始め、水素やヘリウムの原子が形成された。［軽い原子レベル］

（以上、ほぼ138 mの位置）

- ビッグバンから約4億年後（134 mの位置）、最初の星が誕生。
- ビッグバンから10億年後（128 mの位置）、星の内部の

4章　神仏と宇宙

高密度高圧の環境下で起こるヘリウムの核融合反応により炭素や酸素などの、より重い元素が合成された。［重い原子レベル］
- ビッグバンから92億年後（46 mの位置）、太陽系および原始地球が誕生。
- ビッグバンから103億年後、今から35億年前（35 mの位置）、地球初の生命が海中に誕生。

- ビッグバンから135.7億〜137.3億年後、今から2億3000万年前〜約6600万年前（2.3 m〜66 cmの位置）が、恐竜の生息期間。
- 今から約700万〜600万年前（7〜6 cmの位置）、初めて直立二足歩行したとされる最古の人類（脳容積はチンパンジー程度）が誕生。
- 今から約40万年前（4 mmの位置）、初期ホモサピエンスが東アフリカに誕生。
- 今から約20万年前（2 mmの位置）、進化を経て現生人類に直結するホモサピエンスがアフリカに誕生。
- 今から8万年前（0.8 mm = 800 μmの位置）、彼らはアフリカからユーラシア大陸各地へ進出（Great Migration）を開始。

- 今から約5100年前（0.051 mm = 51 μmの位置）B.C. 3100年頃、四大文明で最古のメソポタミア文明の夜明け。

- 今から約2000年前（0.020 mm ＝ 20 μmの位置）紀元前後、日本が歴史に登場。『漢書』に、百余国からなる「倭」が楽浪郡に使者を送った記述あり。
- 今から1785年前（0.01785 mm ＝ 17.85 μmの位置）A.D. 239年、『魏志倭人伝』に邪馬台国の女王「卑弥呼（日霊女）」が「親魏倭王」の称号を魏皇帝から授与された記述あり。
- 今から1655年前（0.01655 mm ＝ 16.55 μmの位置）A.D. 369年、大和朝廷の動きとして『日本書紀』に倭国が百済とともに新羅を破り任那に進出した記述あり。

以上のように概観すると、現在時点から振り返って138 mでビッグバンが起き宇宙が誕生、46 mで原始地球が誕生、35 mで地球初の生命が誕生、2 mmで現生人類が誕生、0.051 mmでメソポタミア文明の黎明、0.016 mmで大和朝廷の誕生に至るということで、宇宙の歴史の長さから見て人間の歴史が極めて短いことが実感できます。

目を転じて、現時点から未来を概観すると……。

- 50億（5×10^9）年後（50 m先の位置）、太陽が一生を終え地球を飲み込む可能性あり。
- 60億（6×10^9）年後（60 m先の位置）、燃料（核融合反応の材料）を使い尽くした太陽から地球は解放され、銀河系中心部に発生したブラックホールに近づき飲み

4章　神仏と宇宙

込まれる。

- 10兆（10^{13}）年後（100 km先の位置）、ほとんどの恒星が燃料を使い果たして死ぬ。
- 100京(けい)（10^{18}）年後（1000万km先の位置）、あらゆる銀河が衝突した影響で、すべての星が無くなる。多数の銀河の中心にあるブラックホールだけがゆっくり移動し、他の天体に遭遇するたびに質量とエネルギーを吸い取っていく。たまたま遭遇した相手が別のブラックホールなら両者は合体し、さらに大きくなって次の天体を飲み込む。
- 100穣(じょう)（10^{30}）年後（10^{19} km先の位置）、銀河がすべて中心ブラックホールに飲み込まれる。
- 1溝(こう)（10^{32}）年後（10^{21} km先の位置）、普通の物質が次第に減っていき、陽子でさえ崩壊を始める（10^{37}年後には崩壊してしまう）。そして宇宙の構成要素は種類が極めて限られてきて、電子、正電荷を帯びた電子（電子の反物質）、ニュートリノ、グラビトン、光子（宇宙誕生直後から存在）、そして膨張したブラックホールとなってくる。
- 10溝（10^{33}）年後（10^{22} km先の位置）、銀河団がすべて中心ブラックホールに飲み込まれる。
- 10^{98}年後（10^{87} km先の位置）、銀河サイズのブラックホールが蒸発する。
- 10^{120}年後（10^{109} km先の位置）、存在しているものは想像もつかないほどの広い範囲に分散していて、密度が

はるかに低く、活動も見られず、静寂が支配する宇宙の最期が近づく。
- 10^{131}年後（10^{120} km 先の位置）、宇宙全体を含むブラックホールも蒸発してしまう。

以上のように、現在を起点にして過去から未来までを展望してみると、

- 宇宙の誕生138 m 後方（138億年前）から、終末は10^{120} km 先（10^{131}年後）
- 地球の誕生46 m 後方（46億年前）から、消滅は60 m 先（60億年後）
- 現生人類の誕生2 mm 後方（20万年前）から、滅亡は When？
- 四大文明の誕生0.051 mm 後方（5100年前）から、消滅は When？

このように振り返ると、宇宙については気の遠くなるような未来が予想されている一方で、現生人類の歴史は宇宙の歴史全体から見ると非常に短く、さらに個人の生涯は極めてわずかな瞬間にしかすぎません。

人生100年時代だと喧伝されていても、それは宇宙の過去の歴史138 m のうちの0.001 mm（1 μm）相当でしかなく、誰もが100歳の長寿を全うできるはずもない現実を思えば、

私自身はもとより多くの人々は深く考えもせずに日々の雑事に追われ煩悩に囚われつつ人生を過ごしていることに愕然とならざるを得ません。

　自分の周囲にだけしか念頭に無く、あくせく動き回り、（巨視的に考えてみれば）ほんの些細なことに対してさえも「煩悩を絶ち切れない日常」から、視野を転じて「今を前向きに生き」なければ申し訳ないような気がしてきます。

2．宇宙のサイズ的展望と物質的展望など

　これまでに宇宙の誕生から最期までを「時間の側面」から概観してきましたが、ここで宇宙から原子・素粒子まで「サイズの側面」から概観することにします。

　既述のとおり、宇宙は約138億年前に誕生したと考えられており、光（電磁波）で観測できるのは約138億光年前までの距離だということになります（これは地球上での地平線に譬えて「宇宙の地平線」と呼ばれています）。宇宙の地平線上の天体から出た光が地球に届くまでの間にも、宇宙は膨張し続けていて、スタート地点にあった天体は膨張とともに理論上は既に約464億光年先まで遠ざかっているとされています。つまり地球を中心として見た場合、宇宙の果ては約464億光年の距離にあり、宇宙のサイズは直径約928億光年ということになるわけです（その先がどうなっているか不明とされています）。

　この宇宙全体の中に2000億〜2兆個もの銀河があると推

測されていて、そのうちのひとつである「天の川銀河」（直径は約10万光年、厚さ約1000光年の渦巻き型の巨大天体で、太陽のような恒星が1000億〜4000億個存在し、中心部には巨大ブラックホールがあるとされる）の中で、この銀河の中心から約2万8000光年だけ端に外れた位置にわれわれの太陽系が存在しているとのことです。

　太陽から海王星までの距離を半径とする太陽系の直径は約90億kmで、太陽から地球までの距離は約1億5000万km。太陽の直径は139万kmで地球は直径が1万2756kmなので、太陽は地球の109倍のサイズであり、質量は33万倍にもなります。調布の国立天文台の敷地内に、このサイズ感と距離感を体感できる屋外展示があって見学しましたが、太陽から遥か離れた軌道上の米粒より小さな地球にわれわれは生息し、執着心から派生する強欲や怒り、苦しみ、悲しみ、歓楽に翻弄され四苦八苦しながら日々を過ごしている現実を思うと、もっと大らかな気持ちで生きていかねばと反省したところです。

　ここで微小な世界に目を向けることとし、原子を一例として考えてみることにします。原子は中心の「原子核」と、外殻面（球面状の軌道）上を超高速で動き回っている「電子」とで構成されています。仮にひとつの原子を学校体育館サイズのドームのような球体に見立てると、その中心部にある原子核は砂粒1つほどの大きさでしかないし、仮想したドーム状球体表面の軌道面上を凄まじい速さで飛び回っている電子

4章　神仏と宇宙

はさらに極微小な粒子でしかありません。原子の表面は膜状の物質で覆われているわけではなく、中央の原子核を中心にして遥かな軌道面上を電子が超高速で飛び回っていて軌跡が（見えると仮定すれば）目の細かい網目状の球面のように想定されるということです。

　それにしても、①正電荷を帯びた原子核を中心として遥か彼方の軌道面を負電荷を帯びた電子が超高速で飛び回り、電磁気力的引力と遠心力の絶妙なバランスが取れた状態で「原子」が存在していること、さらに②原子核に複数の陽子が存在する場合には正電荷を帯びた陽子がその原子核のなかで密着して存在するために極めて強力な電磁気力的反発力に耐えて（「核力」が作用して）それらが共存していること、など奇跡のような現象だと思わざるを得ません。

　そして、その背景には「宇宙エネルギー（宇宙霊）」とも言うべき何らかの強力なエネルギーの働きを想定せざるを得ないと考えます。

　さらに、宇宙の誕生から最期までを概観した場合に、一点に極めて凝縮されたエネルギーの大爆発ビッグバンから素粒子、原子はじめ物質の生成ひいては生物とりわけ万物の霊長とされる現生人類の誕生進化、さらには質量、エネルギー、時空さえも飲み込むブラックホールが発生し最期を迎えるまで、陰に陽に何らかの形態のエネルギーが関与していることに改めて思いを致さざるを得ません。

ここで蛇足ながら、ハッブルが示したように宇宙は膨張していくが、宇宙は密度が極めて小さくなるに従って膨張が遅くなりやがて収縮に転ずるという説があるそうです。そして、この段階で（引力として働く）重力を打ち消すような言わば「万有斥力」を及ぼす何らかの奇妙なエネルギーないしは物質の存在が観測的に証明されている、とのことです。
　ただし、これらはダーク・エネルギー（暗黒エネルギー）やダーク・マター（暗黒物質）と呼ばれ、それぞれ宇宙の約76％、約20％を占めてはいるものの人間にとって未知のものであり、人間にとって既知の「通常の物質」（原子核を構成する粒子など「バリオン」と呼ばれる物質）は約4％相当でしかないことになります。
　つまり、宇宙の大部分（約96％）を人類は未だに全く理解できていないわけで、これらの正体究明や直接検出は今後の科学の大きな課題とされ、「万物の霊長」などと自己過信している人類の智慧の及びもつかぬ分野が残っていることは忘れてはならないと思います。

3．エネルギーと神仏

　上記のような「宇宙エネルギー」とも称すべきエネルギーを中村天風は「宇宙霊」と呼び、その属性は「真善美の完成に向かう」ものと示しました。ここで、上記のような宇宙の神秘的な誕生から調和、物質の生成、生物（人類）の誕生進化、人類文化の進展などの奇跡とも言うべき現象を考慮すれ

ば、「宇宙霊」には宇宙の進化向上（真善美の完成）に向かわんとする意志的なものが根底に存在する、と考える彼の見解は妥当だと感じられます。

　ちなみに彼は、いわゆる「神仏」が「宇宙霊」に該当すると言って差し支えないと述べています。同時に彼は、「神仏」を擬人化したり妄信したり依存したりするのは誤っていると注意を喚起しています。つまり「神仏」とはあくまで宇宙エネルギーの象徴であって、「この偉大なエネルギーと自分との繋がりを失わずに生きてゆくこと」が大切だという教えだと私は受け止めています。

　章末にあたり余談となりますが、アインシュタインは「神」のことを「偉大なる長老」と呼び、この「長老」が宇宙をどのような意図で造ったのかを理解（解明）することは自分に課せられた義務だと感じ、「宇宙宗教的感情が、科学研究のもっとも強い、そしてもっとも高貴な推進力である」と考えていたとのことです。

　また、彼は「裁き手として君臨する人格神」を信じることはできないとし、「偉大なる長老」を「永遠の高貴な精神」、「高次の永遠の精神的存在」、「世界に自らを啓示する高い知性」と呼び、彼自らを汎神論的とし謙譲の態度をもって「偉大なる長老」を崇敬していたとのことです。

5章　補完的まとめ

1．「縁起の法（般若波羅蜜多）」……仏教の最重要基本概念

「縁起の法」によれば森羅万象すべては「縁に因って生滅する」ということですから、森羅万象すべては「縁」によって変化し「無常」だということで「永遠不変で不滅のものなど存在しない」という真理が示されています。

そして「縁」についての理解と認識が深まれば、苦悩の原因である「執着」から解放され「煩悩から解脱」でき、人生の苦悩から解放されるようになるわけです。

この真理を理解し納得しておくことが仏教の考え方の大前提となります。すなわち、全ての事象（人、物、財産、出来事、心の状態など全事象）は「無常」なので、それらに対する執着や拘りは無意味だという「縁起の法（般若波羅蜜多）」を理解し納得しておくことが重要となります。そして、「縁起の法」により視野が広まり視界が開けてくると、人生の四苦八苦の原因である執着（我執）や煩悩から次第に解放され、執着心から派生する様々な苦悩が自然に消えてゆくわけです。

5章　補完的まとめ

◆「般若波羅蜜多偈」……(『般若心経』から抄出し補足編集し自作)
　　色即是空　空即是色……色（形あるモノ）は空となり、
　　　　　　　　　　　　　空は色となる。
　　因縁生滅　五蘊無常……縁に因って生滅するので、五蘊(ごうん)
　　　　　　　　　　　　　は無常である。
　　是以解脱　一切執着……この「真理」を以て、一切の執
　　　　　　　　　　　　　着から解脱できる。
　　遠離苦厄　究竟涅槃……そうして苦厄から遠く離れ、究
　　　　　　　　　　　　　極の涅槃(ねはん)に至ろう。

　（注）五蘊＝森羅万象すべての事象（色、受、想、行、
　　　　識）
　　　　涅槃＝煩悩滅却し絶対自由となった理想の境地

2．「四聖諦」……「苦」の本質を明かす四つの聖なる真理

ブッダの初説法（「初転法輪」）の際にこの「四聖諦」が示された。

◆「四聖諦」
　①人生には「苦」（四苦八苦）が必然的に付きまとってくる。（苦諦）
　②苦は煩悩（執着、我執、欲）が「集」積して起こってく

る。(集諦)
③煩悩を「滅」すれば、苦から脱することができる。(滅諦)
④煩悩を滅するには、八正「道」を指針として生きること。(道諦)

(注)「八正道」
　①正見(正しく公平にものを見る。反対の立場からも見てみる)
　②正思(正しく漏れなく順を追って思惟する。直感的即断はダメ)
　③正語(正しく語る。悪口、暴言、二枚舌、おだて、嘘はダメ)
　④正業(ごう)(正しい行いをする、「諸悪莫作　五戒護持」、「諸善奉行　依黄金律」)
　⑤正命(みょう)(正しく健やかに生命を燃やす)
　⑥正精進(正しく精進努力する……「八正道」を指針として精進。懈怠はダメ)
　⑦正念(正しく思念する。「今」に「心」を向ける。邪悪な思いで念ずるのはダメ)
　⑧正定(正しく瞑想し精神統一する。「禅定」)

ちなみに、初期仏教の仏典のなかでブッダの教えが最も直接的に反映されたもののひとつとされる『法句経 Dhammapada』の中には、「因縁生起」から展開される「諸

行無常」(法句経 #277)、「一切皆空」(同 #278)、「諸法無我」(同 #279) を見出すことができます。

さらに、「四聖諦」(同 #190)、「八正道」(同 #191)、「四聖諦・八正道」(同 #273)、「五戒」(同 #246, 247)、「三毒（三垢）」(同 #20, 202, 251) の記述も見ることができます (# は偈文番号)。

3.「諸仏通誡偈」……人生を生きるための具体的な指針

『法句経』の「諸（七）仏通誡偈」(法句経 #183) は、ブッダの示した生きる指針が凝縮されたものとして現代でも東南アジア諸国の小乗（上座部）仏教徒の間に浸透していると言われています。長い年月を経てもこの偈（句、韻文）が尊重され続けているという厳然たる事実がその重要性の証左であり、私はこれを活かして日常生活を送ることが人生をより良く生きるための指針だと考えています。

◆「諸仏通誡偈」(『法句経』第183句)……(漢訳原文に自作案文を補足)

　　諸悪莫作　五戒護持……諸悪をなさぬようにせよ、
　　　　　　　　　　　　　「五戒」を護持して。
　　諸善奉行　依黄金律……諸善を心して行え、
　　　　　　　　　　　　　「黄金律」に依って。
　　自浄其意　行八正道……自らの心を浄めよ、

　　　　　　　　　「八正道」を行じつつ。
　是諸仏教　往生涅槃……これら諸仏の教えで、
　　　　　　　　　　　涅槃へ往生しよう。

（注）漢訳原文に具体的指針を補足するため「五戒、黄金律、八正道」を付加した。

（参考）『法句経』「諸仏通誡偈」原文（サンスクリット語原文からの各言語訳文）
　（漢訳）諸悪莫作；諸善奉行；自浄其意；是諸仏教
　（英訳）Not to do any evil; To undertake what is good; To purify your own mind; This is the teaching of the Buddhas.
　（和訳）悪いことをせず；善いことを行い；自らの魂を浄めること；これが諸仏の教えである。

（補注）
▪【五戒】；不殺生、不偸盗（ちゅうとう）、不邪淫、不妄語、不飲酒
……特に前四戒は、キリスト教、イスラム教、ユダヤ教で尊重されている『旧約聖書』に記された「十戒」のなかに同等の戒があり、人類共通の普遍的戒律と考えられる。
　①不殺生（殺生するな⇒傷害もするな）
　②不偸盗（盗むな⇒他人のものを欲しがるな）
　③不邪淫（不倫姦淫するな）

5章　補完的まとめ

　　④不妄語（嘘つくな）
　　⑤不飲酒（大酒飲むな⇒薬物禁止）
- 【黄金律】自分がしてもらいたいと望むとおりに、人にもそのようにしなさい。（新約聖書　マタイ7.12、ルカ6.31）
……「善行」の具体的内容の簡潔な表現が法句経に見出せなかったため、仏教の「慈悲」にも通底する『新約聖書』の「黄金律」を引用して補足した。
- 【三毒（三垢）】「貪・瞋・痴」、欲・怒り・愚かさ（真理や道理の分からぬ愚かさ）
……108個の煩悩のトップ3とされる。
- 【八正道】正見、正思、正語、正業、正命、正精進、正念、正定
- 【涅槃】煩悩から解放され安らかな悟りの境地に入った状態。

「五戒」を犯せば後で気が咎め後悔して苦しくなるし、善行（「黄金律」の実践）を重ねれば心安らぎ、「八正道」を実践すれば魂も浄化されてくるので、この「諸仏通誡偈」は当然と言えば当然の教えですが、言うは易く行うは難しいものです。しかし、このような教え（指針）なしに生きることは容易ではないので、長い歴史によって立証された普遍的な教えとして「諸仏通誡偈」を生活指針とするのは妥当だと考えます。

4．阿弥陀如来の「本願」(「弥陀の誓願」)……『無量寿経』四十八願の中の第十八願

　自力修行の困難な大多数の一般人にとって、この本願（生涯たった十度でも魂向上に努力した者ならば救済されるという弥陀の誓願）は八正道の実践（修行）に挫折した際のセーフティーネットとなり得るので、参考のため下記のとおり紹介しておきます。

> 　人々が、私「阿弥陀仏」への想いをきっかけに浄土に生まれたいと願い、そのために自らの善根（魂）を向上させようと（「諸仏通誡偈」を旨に）努めるならば、仮にそのような発願努力が生涯十度に過ぎずとも、全員漏れなく浄土に救いとることを固く誓います。
>
> 　ただし、表面上そのように振る舞いながら、裏では「五戒」を平然と犯したり、「正しい仏の教え」を誹謗中傷する者どもは、決して見逃すことなく救済から外します。

（注）『無量寿経』の該当経文がサンスクリット語の原文から漢訳された段階で（恐らく浄土門において絶対他力の趣旨を徹底させるために……）自力修行の要素となる記述が削除されているので、この部分を復活させた訳文とし

> ました。また、この部分の内容を具体的に示すため「諸仏通誡偈」(『法句経』#183) の名称を補足しました。
>
> (注) 自力修行的な表現が削除され、「念仏を十回唱えれば、誰でも(悪事を働いても)救済される」という解釈が流布されたため、これを免罪符として悪事を犯す「本願誇り」と呼ばれる横着者が出現したこともあったようです。

ただし、阿弥陀如来を想い浄土に生まれたいと願うこと、つまり阿弥陀如来を「信心」することを前提としたセーフティーネットなので、阿弥陀如来を受容するか否かについて各個人の心の整理が必要となってきます。

ちなみに、宇宙エネルギー(宇宙霊)は光エネルギーとして感受されイメージ化されて「光の如来仏」阿弥陀如来として認識され、「無碍光如来」や「不可思議光如来」という「光」を冠する別名でも呼ばれていることを考えた場合、阿弥陀如来は「宇宙エネルギー」を象徴する存在として、私自身は自然に阿弥陀如来を受容することができています。

ただし、既存の宗教界では「宇宙エネルギー」という概念は(さらに浄土門では「善根向上を生涯十度でも……」の一節も)容認されていないので、私はどの宗派にも入門していません。

5．仏教の「縁」と天風哲学

　既述のとおり『TIME FOR KIDS ALMANAC 2009（タイム子ども年鑑　2009)』によると、「多くの人々は仏教は特定の仏を信仰する宗教だと考えているが、むしろ本質的には仏教とは生きることに関する考え方や哲学といったものである」と解説されています。私も同感であり、ここまで仏教を基軸として考察してきましたが、実はその理由は仏教が人生を生きる知恵として最も理にかなっていると考えたためです。

　そして同時に、「天風哲学」（インド由来のヨーガ哲学を源流とする中村天風独自の積極哲学）にもインド由来の仏教と通底するものを感じ、これも併せて取りまとめの際に参考とさせていただきました。

　天風は、大自然の神秘や雄大さを観ると人知を超える「偉大な力」あるものが存在するに違いないと考え、その不可思議で目に見えない力（エネルギー）のことを「宇宙霊」と呼んでいます。彼によれば、この宇宙全体に影響力を及ぼす宇宙エネルギーとも言えるものは、「造物主や神仏」と呼ばれてきたものと見なしてほぼ間違いないとのことです。

　ここで、私は「縁」がこの「宇宙霊」に相当するものと考えました。

　（「縁」＝宇宙エネルギー＝宇宙霊〈大御霊〉＝造物主＝神仏＝天＝ブラフマン）

5章　補完的まとめ

　また天風哲学では、混沌とした宇宙の誕生から人類の奇跡的進化までを振り返ってみれば、宇宙霊が「混沌から調和、そして真善美の完成を希求する方向性」を有する、という見解が示されています。そして、これまで考察してきた過程から私自身もそのように考えてもおかしくないと感じています。

　また天風によれば、造物主（宇宙霊）の意向である「宇宙万物の進化向上（Evolution, Elevation）」、すなわち「愛・誠・調和」にも通底するという「真・善・美」の完成に向けて、万物の霊長たる人間は（例えば、善行を通じて自身の魂〈分御霊〉を磨くことにより）宇宙の進化向上に僅かでも貢献することが暗黙裡に求められており、まさにこれが人間として生きる目的だということです。

　このように、造物主とも呼びうる「宇宙霊」の存在と、その存在が「混沌から調和、そして真善美の完成を希求する方向性」を持つという概念をもとにして、宇宙と人類の歴史を考えた場合、すべてを超越する偉大な「宇宙霊（宇宙エネルギー）」つまり仏教的にいえば「縁」というものを、私自身も次第に理解し受容できるようになりました。

　なお天風は、「宇宙真理の基盤」をなす「宇宙霊」を信じ、その「宇宙霊」と自分自身との絆を自覚し、それに対する感謝と尊敬（崇敬）の念を抱くことが信仰の要諦で、「宇宙霊（神仏）」にすがり功利的に何らかのご利益を求めて祈願する姿勢は誤りである、と注意を促しています。

6．現実世界では「宇宙霊」の意向「真善美の完成」に矛盾するような事例が多いが……

　上述の通り「宇宙霊（宇宙エネルギー）」は本質的には「混沌から調和、そして真善美の完成を希求する方向性」を有しています。しかし、現実世界では善良な者が貧困に悩まされ辛苦にあえぐ一方で、悪辣な者が裕福に栄え贅沢に生活するという、「真善美の完成」の方向性に矛盾するような事態が散見されます。

　遠藤周作の小説『沈黙』でも、禁教令によりキリスト教徒たちが宗教的弾圧に苦しめられ死に追い込まれそうになっても神は沈黙されていたことが主題となって描かれています。

　その他、近年ではプーチン大統領によるウクライナへの「特別軍事作戦」という名の侵略や、イスラエルによるガザ地区への人質（約240人）奪還のための何倍返し（約170倍）もの一般市民を巻き込んだ報復侵攻（犠牲者4万人以上、その約4割は未成年とも言われる）など、理不尽で悲憤を禁じ得ない事例も少なくありません。

　このように耐え難いことの多い現実世界ですが、一時的にはそうであっても宇宙の極めて遠大な歴史の全体スパンで考え長い目で見てみると、否定的な事例は仮そめの一時的なものと大局的に受け止めることもできるのではないでしょうか。そして、長期的には「宇宙霊」がその希求する「真善美の完成」に向けて、着実に「宇宙全体を進化向上させてきた

5章　補完的まとめ

今日までの実績」は厳然たる事実ですから、決して悲観的にならずに「宇宙霊」の方向性を信じて自らそれに貢献するようにして生きてゆくべきではないでしょうか。

　何れにせよ、多くの人間が物ごとの道理（「因縁生起」や「四聖諦」の真理）を知ることもなく知ろうともせず（下記の「痴」の状態）、従って我執に憑りつかれてしまい平然と「五戒」を犯し、宇宙の「真善美の完成」に逆行する行動に走っているのが現実世界の姿だと思われても仕方ありません。

　これは、(108個の) 煩悩のトップ３とされる三毒（三垢）「貪・瞋・痴（欲・怒り・愚かさ）」の中の「痴（道理を知ることも尊重もしない愚かさ）」のなせる業だと思います。現実世界では多数の人間の「痴」を原因とする理不尽な事例が少なくないのですが、いかに「痴」のマイナスエネルギーの総和が大きくとも宇宙エネルギーのプラスの総和を超えることはなかったので、近年までは「真善美の完成」に向けて宇宙全体としては進化向上を続けてきたのだと思います。

　しかし残念ながら、最近は「痴」のマイナスエネルギーの総和が次第に増大しているようで、そのひとつの兆候として地球温暖化による自然破壊が無視できなくなったことが挙げられ、人類の未来に向けて危惧される脅威となっています。これは人類が科学技術面での発展を遂げた結果、18世紀の産業革命から石炭利用を急拡大させ始めて以降、それまで未利用だった新エネルギー源（化石燃料や核）というパンドラ

の箱を、将来の問題を予見する智慧を働かせることもなく、競うように無秩序に開けてしまった過ちに起因していると思われて仕方がありません。

7．宇宙霊（大御霊）と霊魂（分御霊）と人間

上記の表題について、中村天風の考えをベースに私の感得した概念を集約するならば以下の通りとなります。

人間は「身体（体）Body」と「精神（心）Mind」の二者だけが協業して「生きている」のではなく、それらの他に受胎出生の際に「宇宙霊（宇宙エネルギー Universal supreme energy）（大御霊）」から「霊魂（氣の塊 Spirit/Soul）（分御霊）」が分与され、これらが三位一体となって個の人間として「生きている」のだとされています。

また、エネルギーの側面から言うならば、「体力 Physical energy」、「精神力 Mental energy」、「氣力（霊的な力）Spiritual energy」が三位一体となって働けば、活力あり意義ある人生を送れるようになる、とも言われています。

(注)
◇氣（氣力）＝ Spiritual energy
◇大御霊 Source of Spiritual energy ＝宇宙霊＝宇宙エネルギー Universal supreme energy ＝「縁」＝造物主＝神仏＝天＝ブラフマン
◇分御霊 Allocated Spiritual energy ＝宇宙霊（大御霊）から分

5章　補完的まとめ

　与されたエネルギーの塊＝（個人の）霊魂 Spirit ＝アートマン

　一般的には、自律神経系（交感神経と副交感神経）のバランスが崩れると、免疫バランスまで崩れて体調を壊し病気になりやすいとされています。例えば、「早寝早起き病知らず」と言われ規則正しい生活を送り良質の睡眠をとることが推奨されていますが、これは自律神経系のバランスを正しく維持することが健康づくりの基本だということを実践的に示したものと考えられます。

　天風も「良質な睡眠」の重要性を説いて、寝付きにはネガティブな考えを排除しつつ穏やかな気持ちで入眠することが大切で、そうすれば睡眠中にその人物の穏やかな「氣」の波長に同調し共鳴するようにして宇宙霊「大御霊」の「氣 Spiritual energy」がその人の「霊魂（氣の塊）Spirit」に流入補充されるという趣旨の見解を示しています。これは上記の自律神経系のバランスを維持する健康づくりの基本と通底する見解だと言えそうです。

　私は従来から、「分御霊」は球体の塊だというイメージを抱いていましたが、むしろエネルギー密度の高い集合状態であり、明瞭には見えないが「ゆるい火の玉」のようなものだろうという気がしています。

　人が死を迎え、その人の「分御霊」が天に還り「大御霊」に吸収される時はスムーズなエネルギーの合体となるでしょ

うし、合体してしまえば「分御霊」には固有名詞は無くなり、その個性の存在したエネルギーの濃い部分はいずれは「大御霊」の中に漂い溶解してしまうのでしょう。なお、そのエネルギーの濃い部分が残っている間に縁があれば、それは新たな「分御霊」として輪廻転生していくのかもしれないし、縁に巡り合うことなく全体に溶けるように混ざってしまい痕跡も無くなるのかもしれません。

8．宇宙エネルギー（宇宙霊＝神仏）の所在とハイゼンベルクの不確定性原理

　神仏（宇宙霊＝宇宙エネルギー）がどこに存在するのか……出エジプトの際にモーゼがシナイ山の山頂で雷（稲妻と雷鳴）とともに神の声を聞いたからといって、また光の如来仏である阿弥陀如来の世界が西方極楽浄土だからといって、それらの場所に神仏がそれぞれ常在しておられるわけではなさそうです。むしろ、時間も場所も縦横無尽に神仏の威力（神威）を発揮されていることが、経文や聖典からうかがうことができます。

　このようなことから、宇宙エネルギー（宇宙霊＝神仏）は宇宙に遍く存在し得るエネルギーで、特定の場所に常在するエネルギーではないと私は想定してきました。

　ここで、「微量」を意味する「量子（クウォンタム）Quantum」という言葉を冠して電子や原子核や光の諸形態などミクロ世界の現象を研究する「量子力学」の分野におい

5章　補完的まとめ

て、1927年に提唱された「ハイゼンベルクの不確定性原理」が上記の想定を裏付けるものではないかと感じています。

この不確定性原理は、光（光子）や電子や原子核といった素粒子の「運動量（速度・方向ベクトル）の不確定性」と「位置（座標値）の不確定性」の積が、プランク定数（h）を4πで割った値よりも同等以上であることを、示しています。

ハイゼンベルクの不等式；$\varepsilon_q \mu_p \geq \dfrac{h}{4\pi}$

ε_q；素粒子の位置qの不確定性
μ_p；素粒子の運動量pの不確定性
h；プランク定数、π；円周率

つまり素粒子レベルの視点で、より正確に素粒子の「位置」を測定しようとすればするほど、その素粒子の「運動量（速度・方向のベクトル）」の測定がより不正確となってしまい、逆もまた同様となるため、素粒子の位置と運動量との両方を同時に正確に測定することは不可能だということです。

不確定性原理の働く量子論的な次元の現象として眺めるならば「ハイゼンベルクの不確定性原理」から類推して、宇宙エネルギー（宇宙霊＝神仏）は人智を超えた予測困難な動きをして、その所在場所も動静も人間には予測は不可能だといえそうです。

このように神仏の存在が確定できないため、唯物論的な科

学至上主義の現代社会では無神論者も多くなっているのかもしれません。ただ、所在場所も動静も人間には知ることができないからといって、宇宙エネルギー（宇宙霊＝神仏）が存在しないと断定することは、あまりにも早計ではないでしょうか。

9．物質とエネルギー「$E = mc^2$」

　ニュートンなどの古典物理学に対し、20世紀初頭から進展した（量子力学など量子論や原子物理学などの）現代物理学の進展により、物質に関する理解が深く広く革新的に展開されてきました。

　原爆の膨大なエネルギーは物質（質量）がエネルギーに変換（$E = mc^2$による）されたものだという有名な事例は私も知ってはいましたが、単に物理化学の世界の事象だという認識にとどまっていました（ちなみに逆方向の反応で、エネルギーが極めて凝縮すると物質になるなどとは、恥ずかしながら想像しようとしたことさえありませんでした）。

　しかし、例えば既に1963年発行の『人間らしく生きる』（庭野日敬著）には、「すべてのものの大本はエネルギーである」、「素粒子をつくっているのはエネルギーである」、「エネルギーから物質へ、物質からエネルギーへという変換が起こっている」という趣旨の記述が見られるように現代物理学の量子論的なものの見方は既に意外に広く浸透しており、本書の考察に当たってはこの観点も踏まえて進めるようにしま

した。

(参考)
⋄ 光や質量と、エネルギーとが相互に関係があることを示す関係式。
- 光子振動数とエネルギーの関係式　$E = h\nu = h\dfrac{c}{\lambda}$
- 質量とエネルギーの関係式　$E = mc^2$

（E；エネルギー、h；プランク定数、ν；光の振動数、c；光速、λ；光波長、m；質量）

⋄ 量子論は、プランクの量子仮説（1900年）を起点としてアインシュタインの光量子説、ボーアの原子構造論を経て、アインシュタインの相対性理論に基づく量子力学によって体系づけられてきた。

10. 宇宙エネルギー（宇宙霊＝神仏）と宗教

ここで、中村天風が示した「宇宙エネルギー（宇宙霊）と個人との絆を確立すること」が重要だという観点から、宗教が果たす役割を考えてみます。ただし、このテーマは日本国憲法で保証された思想と信教の自由にかかわるので、あくまでも個人的な見解として参考までに目を通していただければ幸いです。

既存の宗教団体では宗派によって差異はあるものの、本尊の「神仏」は擬人化偶像化され祭壇高くに安置されている場

合が多いように思われます。

　そして決して全ての宗教団体でそうだと断言はできませんが、「神仏」は神秘的で崇高なる存在として祀り上げられ、聖職者がその代弁者として権威を代行し、「由らしむべし、知らしむべからず」的なスタンスで教義の全貌を明かすことなく小出しにして語る、というスタイルが多いように感じられて仕方がありません。

　これらを踏まえて考えれば、既存の諸宗教において「本尊（神仏）は宇宙エネルギーを象徴するもの」だという「新奇な概念」が容認される可能性は極めて少なく、むしろそのような概念は異端視され排除されるであろうことが容易に想像されます。

　従って、宇宙エネルギー（宇宙霊＝神仏）が存在するという概念を個人的に持ち続けるには、宗教団体に入信後にこの概念を開示して軋轢を生み疎外感を感じたりするよりも、入信せずに自らの信ずる「神仏」を宇宙エネルギーの象徴として位置付け、「個人的」に日々の信仰生活を送ることが、私は個人的には最もしっくりくる選択肢だと感じています。ちなみに私の場合はどの宗派にも入信することなく、「光」（宇宙エネルギーの一形態）を象徴する「天照大神」や「阿弥陀如来」を宇宙エネルギーの象徴として受容し、ささやかに日々の礼拝や勤行を続けている状態です。

　もちろん、「神仏」という象徴なしに宇宙エネルギーそのものを信じることができるならば、宗教団体に加入する必要など無いことは言うまでもありません。

5章　補完的まとめ

　参考ながら『大パリニッバーナ経』によれば、ブッダはご自身の没後の弟子たちの心構えとして、「自灯明、法灯明」すなわち「自分自身をよりどころとし、（因縁生起の）法をよりどころとせよ」と諭しました。つまり、神仏ではなく「自らにたよれ、法にたよれ」とブッダは教えているのです。

　仮に宗教団体に加入する際には、その教団が本尊として崇敬の対象とするものが「宇宙エネルギーを象徴する存在」（God、Allah、天之御中主神、天照大神などの「神」、大日如来や阿弥陀如来などの「如来仏」、そして例外的に実在の人間として釈尊「ブッダ〈釈迦如来〉」と神の子「キリスト」２例のみ）である教団であることが絶対必要な条件だと考えています。
　特に留意すべきは、いかに聖人聖者と呼ばれようとも、いかに高位の聖職神職についていようとも、実在する（実在した）人間を崇敬の対象とする「個人崇拝」的教団には加入しないことが無難だと思います。何故ならば、そのような「教祖宗祖」（その権威の代行者も含む）が生身の人間である以上、人間は煩悩から完全に解脱することは不可能なので、その教団はその「人間（宗祖教祖やその権威代行者）の煩悩」に導かれてカルト的になってゆく恐れが払拭できないためです（近年、このような個人崇拝的教団については複数の実例が社会問題化しているのは周知の通りです）。

11. 回想を交えた総括

　私自身、幼時に七五三詣りで八幡宮に連れていってもらい神前に低頭してお祓いを受け、幼稚園のクリスマス会ではイエスさまの誕生を祝い「アーメン」と唱え、正月の初詣に三社参りをしたり、夏休みには両親の実家で仏壇に手を合わせて「南無阿弥陀仏」と唱え、お盆の墓参や精霊流しに連れていってもらったり……曖昧なまま何の疑問も持たずに、「神仏」と呼ばれる人智を超えた何か崇高な存在を自然に受容していたように思います。ただ、その存在の呼称は「神」か「イエスさま」なのか「阿弥陀仏」はたまた「釈迦如来」なのか「天照大神」なのかは定かではなく、ひとつだけ選択することには戸惑いがありました。

　そのような中途半端な状態にあった私が崇高な存在について考える契機となったのが、登山経験を通じて実感せざるを得なかった「人智を超えた大自然の偉大さ」や「霊的神秘的（心霊的）な体験」でした。これらによって「人智を超えた崇高で偉大な存在」を実感し、それが何であるか、どのようなものなのかについて、その後の人生のなかで哲学や宗教や自己啓発などに関する読書を通じて答えを模索してきました。

　そのような経緯の中で『般若心経』に関心を持ち、その読解に苦労はしましたが、「色即是空　空即是色」や「五蘊（色受想行識）皆空」という一節をきっかけに、「因縁生起

5章　補完的まとめ

(縁に因って生起する)」の一句に示される「縁」という概念こそがブッダが菩提樹下の瞑想で悟った無上の智慧「般若波羅蜜多」の核心であることを知りました。

そして、『生きて死ぬ智慧』(柳澤桂子著)という本を読んで、「人も物も原子からできています。原子の飛び交っている空間の中に、ところどころ原子が密に存在するところがあり、そのように原子の密度が高いところが人や物という物質があるということです。人も物も原子の存在の濃淡でしかありません。」という記述に巡り合いました。

このように自然科学的な視点から考察するというヒントを得て、「粒子は、お互いの関係の安定したところで静止」とか、「原子の密度の高いところが物質があるということ」という同書の表現から、原子間に働く電磁気力や万有引力といった不可視の力(エネルギー)が重要な役割を演じていて、それが「縁」なのではないかという着想を得るに至りました。また、電磁場や重力場さらには時空の歪みといった何らかのエネルギーの影響力が働く「場」というものも「縁」なのだと考えるようになりました。

このようにして「神仏」とも呼び得る「人智を超える崇高で偉大な存在」とは「縁」であろうということに思い至ったわけです。そして、それはエネルギーや「場」の影響力といったものであり、万物を創り上げ森羅万象に影響を及ぼす「宇宙エネルギー」とも呼び得るもので、中村天風師が「宇宙霊」と名付けたものだと考えるようになりました。

(「縁、宇宙エネルギー、宇宙霊、神仏」は異名ですが同一

のものと考えるようになりました)

　五蘊（色受想行識）はすべて「空」であるということ、つまり「全事象は永遠不変ではありえない」ということが仏教の根本真理であり、したがって（財産、愛情、人、モノなど）何かに執着しても無意味だと悟り、こだわりを捨てられれば苦しみから解放されるということです。つまり、執着心があらゆる苦悩の元凶であるということを理解し、執着心や無駄なこだわりを捨てて生きることが、安らかに不満なく幸せな人生を過ごすコツだということです。

　そして、問題となる執着心やこだわりから解放されるには、（「諸行無常　諸法空相」であり「因縁生起」であることで示されるように）すべての事象は「縁」の介在によって成立しているということを理解納得して、利己的な執着固執から解放されるように努める他に方策はないわけです。

　ただし、「縁」任せ、成り行き任せで大丈夫だというわけではなく、「縁」の流れを良い状態にすべく努めることは必要で、ブッダが示された『法句経』第183句の「諸仏通誡偈」を指針として自身の魂を磨き、「縁」（エネルギー）の良い流れを作ることが望ましいということになります。

12. 人生の目的……生きる意味

　既に自身の信念や信条を持った人々の考え方を他人が改めようとするのはほとんど不可能だし、むしろその人々に対し

て失礼なことでもあります。当然ながら、それぞれ本人自身が理解納得した考え方によって人生に取り組むしか道はないと思います。

ですから以下に述べる考え方は、仏教や天風哲学などをベースとしたあくまで私の個人的な考えだという前提で、ひとつの参考にしていただければ幸いです。

生きることには苦労は付きものですが……そのような多難な人生で困難を乗り越える試練を通して(自分に与えられた)「分御霊」を磨きポテンシャルを高めること、つまりそれを受け取った時よりも磨き高めて命終える時に天(「大御霊」)にお返しすること、このことによって「大御霊」の全体のポテンシャルを僅かでも高めること、つまり真善美の完成に向けて進化向上せんとする「大御霊(宇宙霊＝宇宙エネルギー)」に僅かでも貢献すること、これが人生の目的であり生きる意味だと考えます。

少なからぬ方々から、このような見解はナンセンスだと一蹴されるかもしれません。しかし、ビッグバンの混沌から138億年もの時を経て調和しつつ奇跡的に進化向上し、生物の発生から万物の霊長とも言われる人間まで出現させ進化してきた宇宙全体の奇跡のような足跡を考えれば、「大御霊(宇宙霊＝宇宙エネルギー)」とも言うべき存在の「真善美の完成に向けて進化向上せんとする」働き以外に納得できる見解は私には見出せていません。

13. 終わりに

　振り返ってみると、私の幼稚園（キリスト教のプロテスタント「サザンバプテスト」系）の卒園記念品に添えられた「ひかりの子としてあゆみなさい」という言葉と、小学高学年時にボーイスカウトで歌い覚えた『光の路』という曲の歌詞とが、意外に深く記憶に刻まれていて、何か「光」というものの尊さや大切さは感じていたのですが……それが「宇宙霊（神仏）」という崇高な存在に繋がるのだと認識できたことは、本書の集約作業によって私の得た収穫のひとつだと思います。

　最後になりましたが、つまるところ、①般若波羅蜜多「縁起の法」（縁に因って生滅する）を悟りそれを広めたブッダ、そして②「縁とはエネルギーで万物の元」だと思いつく視点を与えてくれたアインシュタインをはじめとする現代物理学者たち、さらに③過酷な実体験を通じヨーガ哲学を体得しそれを基盤に展開させた積極的行動哲学を広めた中村天風、という偉大な三本柱の周りを巡りながら、宗教哲学にも現代物理学にも門外漢の市井の一般人の私が愚考を重ね書き連ねたものが本書だということになります。
　このような本書の記事の中で、読者の皆様の生きるヒントとして役立てていただける一節がひとつでもあれば、本書を苦労して取りまとめてきた筆者にとって望外の喜びです。

5章　補完的まとめ

14. 後日談

　本書の校正作業も中盤を迎えた頃、たまたま立ち寄った書店で『医者は神ではない』（木村謙介著　現代書林　2024年4月発行）という本を手に取り一読したところ、その内容と本書の内容にある共通点を見出し、その普遍性に意を強くしたところです。そこで、ここに部分的ながらその概要をご紹介し、その普遍的な部分について再注目しておきたいと思います。

　その本の著者は医学博士で内科医師としての多くの臨床経験から、患者はおおむね次の2群に大別されることを見出しました。

① ネガティブ群……会話するとエネルギーを吸い取られたような疲れを感じさせる群。この群の人々は不平不満や愚痴が多く、「自分」のことばかり話したがる傾向があったそうです。
② ポジティブ群……会話すると気分が明るくなりエネルギーをもらえたように感じさせる群。この群の人々は明るくユーモアがあり、心のゆとりを感じさせ、「相手」に関心を持ち気にかけてくれ、「相手」のことを話題にしてくれる傾向があったそうです。

　　つまり、ネガティブ群の人々は、「自分」のことを話

題にして共感や同情を求め、自分を正当化し、受容し認めてもらい、そして愛してもらいたいといった、「人から愛を奪う」立場に立っているのだ、と説かれています。
　一方で、ポジティブ群の人々は、「相手」を認め愛そうとして、「人に愛を与える」立場に立っているのだ、と説かれています。

　著者は多くの患者を診てきた経験から、ネガティブ群の方が認知症を発症しやすいことが見えてきたと述べています。このことから、認知症の発症を抑えるにはポジティブ群の「人に愛を与える」スタンスで生きること、つまり他の人々の役に立ち幸せにするような生き方をすることが推奨されています。
　さらに、これらの臨床経験とそこから得られた仮説を踏まえて、著者は「心を成長させることこそが人生の意味」であるという見解を提示しています。これは本書で提示してきた人生の目的、「天（大御霊＝宇宙エネルギー）から預かった自分の魂（分御霊）を磨き高めて（ポテンシャルを高めて）、いずれ死す時に天にこれをお返しし、宇宙エネルギー全体のレベルアップに貢献する」ということに共通するものと感じています。
　人生の意味や目的については、本書では多くの文献や考察に依拠してきたのですが、医療現場での臨床経験に基づくこの考察によって一定の裏付けを得られ、普遍性のある考え方として受容できるのではないでしょうか。

謝辞

　ここで、本書の取りまとめに貢献してくださった方々に感謝申し上げたいと思います。
「因縁生起」に関する記述で「空即是色」(「空」の状態でも「縁」が作用する機会に恵まれれば「色〈形あるもの〉」となる) というポジティブな一節が気に入ったと言って応援してくれた、大学時代のワンダーフォーゲル部同期の石川美晴君に感謝の意を捧げます。彼は私と共に第1章で述べた不思議な体験をしたメンバーのひとりであり霊魂的存在について共感してもらえることが心強く、また彼の専攻が理論物理学だったので「縁」を結合エネルギーとして考えた私の着想に理解を示してくれたことが、その後の作業の後押しとなりました。
　もうひとりは私の大学の同級生だった渋谷安則君です。彼は理系にもかかわらず文学、宗教、音楽など関心の幅が広く、ユニークな着眼点を持っており、彼から触発されることが在学当時からもよくありました。今回は第2章を読んでもらった後に、エネルギーに関連して宇宙の誕生なども考察してみてはどうかとの提案がありました。私はそこまで考察することは想定していなかったのですが、その提案のおかげで棚ざらし状態だった『$E=mc^2$　世界一有名な方程式の「伝記」』(早川書房) を熟読し、第4章以降の展開が得られたわけですから、ありがたく感謝いたします。

また、複数の皆さまに本書の概要についてお話しした際に、すぐに思い出せるだけでも6名の方々から「興味があるので読んでみたい」というお言葉をいただき、締切り目標日を決め集中して取り組むように背中を押していただくということもあって、何とか原稿を取りまとめることができました。これらの皆さまにも併せて感謝申し上げます。
　最後になりましたが、人生初の本の出版にあたり東京図書出版の皆さんには特段のお世話をいただき感謝申し上げます。

◆追記

　原稿の最終的な推敲を終えようとしていた2023年12月31日、上記謝意を述べさせていただいた石川美晴君の突然の訃報を受け取り言葉を失っております。私自身の努力不足のため著作推敲に手間取ってしまい、彼が期待してくれていた本書を生前に読んでもらう機会を永遠に失ったことで自責の念にさいなまれる思いです。
　親鸞の作とされる「明日ありと思う心の仇桜　夜半に嵐の吹かぬものかは」という有名な一句は知っていたのですが、実生活ではこれを活かすことなく漫然と過ごしてきた自分の愚かさが悔やまれます。
　彼の御霊に祈りを捧げつつ本書を献呈させていただくことしか、今は何もできなくなってしまいました。

参考図書

- 主に関係する章の参考図書を示したが、他の章で参照している場合もある。
- 私が個人的に再読しておきたいと感じている本に＊印を付した。
- 発行年は初版年と私が読んだ本の再版年を併記した（初版本を読んだ場合は併記なし）。

2章　諸宗教と宇宙エネルギー（宇宙霊）
・『聖書』日本聖書協会　1974（旧約1955、新約1954）＊旧約聖書『箴言』
・『古事記』梅原猛　学研プラス　2001
・『方法序説』デカルト（落合太郎訳）岩波書店　1953 1970
＊『自省録』マルクス・アウレーリウス（神谷美恵子訳）岩波書店　1956 1991
・『自省録』村上専精（不住道人）大日本図書　1906
・『真理行修誦句集 ― 瞑想行修用 ―』天風会　公益財団法人天風会　1972 2018
・『天風誦句集』天風会　公益財団法人天風会　1957 2018
＊『天風先生座談』宇野千代　二見書房　1987 1999
＊『君に成功を贈る』中村天風（述）日本経営合理化協会出版局　2001
・『運命を拓く ―― 天風瞑想録』 中村天風　講談社　1994 1998
・『幸福なる人生 ―― 中村天風「心身統一法」講演録』中村天風　PHP研究所　2011 2019

・『心を磨く —— 中村天風講演録』中村天風　PHP 研究所　2018
・『力の結晶 —— 中村天風真理瞑想録』中村天風　PHP 研究所　2020
・『成功へ導く言葉』中村天風（財団法人天風会監修・構成）イースト・プレス　2005
＊『非常識・常識・超常識』五井昌久　白光真宏会出版局　1974 1981
・『不動の心』五井昌久　白光真宏会出版局　1983 1990
＊『人生読本』谷口雅春　日本教文社　1972 1998
・『新版　生活読本』谷口雅春　日本教文社　1996 1998
＊『人間らしく生きる』庭野日敬　佼成出版社　1966

3章　仏教について
＊『ブッダ物語』中村元・田辺和子　岩波書店　1990 1997
・『般若心経講義』高神覚昇　角川書店　1952 2000
・『生きて死ぬ智慧』柳澤桂子　小学館　2004
・『日常語訳　ダンマパダ —ブッダの〈真理の言葉〉—』今枝由郎　トランスビュー　2013
・『ブッダの真理のことば・感興のことば』中村元訳　岩波書店　1991 2020
・『ブッダ　真理のことば』佐々木閑　NHK 出版　2012
＊『法句経』友松圓諦　講談社　1985 2020
・『The Dhammapada』Valerie J. Roebuck 英訳注　Penguin Classics 2010
・『Pears' Cyclopaedia 2010–2011』Dr Chris Cook 編　Penguin Books 2010
・『TIME FOR KIDS ALMANAC 2009』Downtown Bookworks Inc.

編　Time Inc. 2008
- 『ブッダが説いたこと』ワールポラ・ラーフラ（今枝由郎訳）岩波書店　2016
- 『南無手帳』南無の会（松原泰道その他）編　水書坊　1997 1998
- 『浄土真宗必携』浄土真宗本願寺派教学振興委員会編　浄土真宗本願寺派出版部　1973 1986
- 『浄土三部経（上）無量寿経』中村元・早島鏡正・紀野一義訳注　岩波書店　1963 2014
- 『The Infinite Life Sutra』F. Max Muller 梵文英訳　出版社名不詳 1894 リプリント版（Amazon にて購入）
- 『歎異抄』金子大栄校注　岩波書店　1931 1994
- 『歎異抄　私の古典』野間宏　筑摩書房　1969 1971
- 『歎異抄入門　この乱世を生き抜くための知恵』本多顕彰　光文社　1995
- 『歎異抄にであう　無宗教からの扉』阿満利麿　NHK 出版　2022
- 『考える力をつける哲学の本』ルー・マリノフ（渡部昇一訳）三笠書房　2002

4章　神仏と宇宙

- ＊『$E = mc^2$　世界一有名な方程式の「伝記」』デイヴィッド・ボダニス（伊藤文英・高橋知子・吉田三知世訳）早川書房　2005
- 『世界のたね　真理を追いもとめる科学の物語』アイリック・ニュート（猪苗代英徳訳）日本放送出版協会　1999 2000
- 『エネルギーの秘密』ミッチェル・ウィルソン（清水彊訳）タイムライフブックス　1981

- 『ホーキング、未来を語る』スティーヴン・ホーキング（佐藤勝彦訳）アーティストハウス（角川書店発売）2001
- 『イラスト＆図解　知識ゼロでも楽しく読める！　宇宙のしくみ』松原隆彦（監修）西東社　2020 2021

5章　補完的まとめ
- 『人生の短さについて　他二編』セネカ（茂手木元蔵訳）岩波書店　1991 1992
*『聖なる予言　九つの知恵』ジェームズ・レッドフィールド（山川紘矢・山川亜希子訳）角川書店　1995
- 『バガヴァッド・ギーター』上村勝彦訳　岩波書店　1992 2017
*『バガヴァッド・ギーターの世界 ── ヒンドゥー教の救済』上村勝彦　筑摩書房　2007 2018
- 『ヨーガの哲学』立川武蔵　講談社　2013 2019

付録　サブノート
- 『マーフィーの黄金律（ゴールデンルール）』しまずこういち　産業能率大学出版部　1983 1988
- 『浄土真宗本願寺派　日常勤行聖典』浄土真宗本願寺派日常勤行聖典編纂委員会編　本願寺出版社　1998 2014
- 『ビリオネアに学ぶ「億万の法則」』サクセス・マガジン（リチャード・H・モリタ監修）イーハトーヴフロンティア　2005
- 『As a Man Thinketh（ジェームス・アレンの法則）』ジェームス・アレン（ピーター・セツ訳）イーハトーヴフロンティア　2004
- 『「思い」が現実をつくる』ジェームス・アレン（葉月イオ訳）ゴマブックス　2003 2004

・『成功するまであきらめない』オリソン・マーデン（浦谷計子訳）ゴマブックス　2004

付録
サブノート

付録　サブノート

デカルトの真理を探究する思索のための「四箇条の規則」

　本編の著作にあたり、なぜ時間をかけ多くの読書をし、調べ、考察してきたのかという動機は、(私の大学時代、教養課程の哲学で教科書だった) フランスの哲学者ルネ・デカルトの『(理性を正しく導き、諸学問において真理を求めるための……) 方法序説』で紹介された、思索（問題解決）のための「四箇条の規則」が私の考え方の根底に残っており、自ら深く考えもせずに上辺だけの読書や知見だけで分かったつもりになることを避ける習慣がついていたためだと思います。
「四箇条の規則」とは、以下の4則です。

　　第1則（明証の規則）；自ら「明らかに真である」と認識できない場合は、決して真であるとして信じないこと。
　　第2則（分割の規則）；対象とする問題をできる限り多くの細かな小部分に分割すること。
　　第3則（順序の規則）；思索は小部分のうち最も単純で容易なものから始めて、小部分の間に順序を仮定しながら、順により複雑なものへと進めていくこと。
　　第4則（枚挙の規則）；分割した小部分の何一つ取り落と

さなかったと確信できるまで、余すところなく再検査すること。

　デカルト自身が考える人で、「私は考える、だから（こそ）私は存在するのだ」と言ったとおり、特に第1則が大事であり、鵜呑み早呑み込みで分かったつもりにならずに、自分の頭で理解し考えることが大事だと思います。

付録　サブノート

仏教精髄二大偈句

- 「般若波羅蜜多偈」　　　→(般若心経から抄出し補足自作)
    色即是空　空即是色……色（形あるモノ）は空となり、
    　　　　　　　　　　　空は色となる。
    因縁生滅　五蘊無常……縁に因（よ）って生滅するので、
    　　　　　　　　　　　五蘊（ごうん）は無常である。
    是以解脱　一切執着……この「真理」を以て、
    　　　　　　　　　　　一切の執着から解脱できる。
    遠離苦厄　究竟涅槃……そうやって苦厄から遠く離れ、
    　　　　　　　　　　　究極の涅槃（ねはん）に至ろう。

    【縁】＝宇宙に普遍的に存在する流動的なエネルギー
    　（宇宙霊）＝神仏
    【五蘊（色受想行識）】＝物質から感情や意識まで含む
    　「すべて」

- 「法句経第183句（諸仏通誡偈）」
    　　　　　　　　　　　→(諸仏通誡偈の原句に補足自作)
    諸悪莫作　五戒護持……諸悪をなさぬようにせよ、
    　　　　　　　　　　　「五戒」を護持して。
    諸善奉行　依黄金律……諸善を心して行え、
    　　　　　　　　　　　「黄金律」に依って。
    自浄其意　行八正道……自らの心を浄めよ、

　　　　　　　　　　「八正道」を行じつつ。
　<u>是諸仏教</u>　往生涅槃……これら諸仏の教えで、
　　　　　　　　　　涅槃へ往生しよう。

【五戒】
　①不殺生（殺生するな⇒傷害もするな）
　②不偸盗（盗むな⇒他人のものを欲しがるな）
　③不邪淫（不倫姦淫するな）
　④不妄語（嘘つくな）
　⑤不飲酒（大酒飲むな⇒薬物禁止）

【黄金律】
　仏教の「慈悲」の行為に相当し、それを具体的に示した新約聖書（マタイ7.12、ルカ6.31）の次の一節（仏典に簡潔で適切な用語が見出せなかったので流用……）。
「自分にしてもらいたいと望むとおり、他の人にもそのようにしなさい」

【八正道】
　①正見（正しく公平にものを見る。反対の立場からも見てみる）
　②正思（正しく漏れなく順を追って思考する。直感的即断はダメ）
　③正語（正しく語る。悪口、暴言、二枚舌、おだて、嘘はダメ）

④正業（正しい行いをする。「五戒」を守り、「黄金律」による善行をする）
⑤正命（正しく健やかに生活する）
⑥正精進（正しく精進努力する。懈怠(けたい)はダメ。「三毒」を鎮め、「八正道」を行う）
⑦正念（正しく思念する。「今」に「心」を。邪悪な思いや欲心で念ずるのはダメ）
⑧正定（正しく瞑想し精神統一する）

八正道・正命　曼荼羅

八正道曼荼羅

正見 Right views	正思 Right thought	正語 Right speech, plain and truthful
正業 Right conducted act 諸悪莫作(五戒護持) 諸善奉行(行黄金律)	八正道 Noble Eightfold Path	正命 Right living (別表)
正精進 Right effort, always pressing on 消除三垢冥 自浄其意(行八正道)	正念 Right awareness of the present 「念」=「今」に「心」を！ 念般若波羅蜜多呪/念仏	正定 Right meditation 禅定(坐禅) マインドフルネス

正命曼荼羅

(別表)例示

食事	運動	睡眠
捨離処分	正命	区分整頓
清潔/清掃	金銭管理	習慣化

仏説魔訶「般若波羅蜜多」心経（全文）

観自在菩薩。　行深「般若波羅蜜多」時、
　　　　　　　照見五蘊皆空、度一切苦厄。

舎利子。　　　色不異空　空不異色、色即是空　空即是色。
　　　　　　　受想行識　亦復如是。

舎利子。　　　是諸法空相、不生不滅　不垢不浄　不増不減。

　　　　　　　是故、空中　無色、無受想行識、
　　　　　　　無眼耳鼻舌身意、無色声香味触法、
　　　　　　　無眼界　乃至　無意識界。
　　　　　　　無無明亦無無明尽　乃至　無老死亦無老死尽。
　　　　　　　無苦集滅道。無智亦無得　以無所得故。

菩提薩埵。　　依「般若波羅蜜多」故　心無罣礙。
　　　　　　　無罣礙故　無有恐怖、遠離一切顛倒夢想　究竟涅槃。

三世諸仏。　　依「般若波羅蜜多」故、
　　　　　　　得「阿耨多羅三藐三菩提」。

故知「般若波羅蜜多」。
　　　　是大神呪、是大明呪、是無上呪、是無等等呪、
　　　　能除一切苦、真実不虚。

故説「般若波羅蜜多」呪、
　　　　即説呪曰、「羯諦、羯諦、波羅羯諦、波羅僧羯諦、菩提薩婆訶」。

　　　　　　　　　　　　　　　　　　般若心経

付録　サブノート

「般若波羅蜜多＝智慧」、「三毒」、「諸仏通誡偈」、「阿弥陀如来の本願」

【「般若波羅蜜多」＝「智慧」……「ものの道理（真理）」】
　ブッダの教えの原点となる悟りであり、その内容は……物質から意識感情まですべての事象（五蘊……色受想行識）は「縁」によって変化し生滅するため永遠不変のものなど皆無である、この真理を悟って苦悩の元凶である執着から解脱することが苦悩からの解放につながり、涅槃の境地に至ることができる……というものである。
（参考）「ブッダ」「釈尊」＝太陽の裔（すえ）である偉大な仙人（聖人）

【三毒（三垢）】（法句経 Dhammapada #20, 202, 251）
- 三毒とは108個あるという煩悩のワースト３で、そのうち「愚かさ」（「般若波羅蜜多」＝「智慧」、ものの道理〈真理〉が分からない愚かさ）がワースト１であり、他のすべての煩悩の元凶とされる。
- 三毒（三垢）＝「貪、瞋、痴」＝「貪欲、瞋恚、愚痴」＝「欲、怒り、愚かさ」

【諸仏通誡偈】（法句経 Dhammapada #183）
　……上座部仏教界では、「自らの魂を向上させるための仏の教え」として、この句（偈）にすべて集約されていると位

置付けられ、今日でも広く支持されている。
(原訳文)
- 「諸悪莫作；諸(衆)善奉行；自浄其意；是諸仏教」
- 「悪いことをせず；善いことを行い；自らの魂を浄めること；これが諸仏の教えである」
- "Not to do any evil; To undertake what is good; To purify your own mind; This is the teaching of the Buddhas."

(補足意訳)
- 「(五戒を守って)悪事をせず；(黄金律に従い)善行をして；(八正道を旨に)自らの魂を浄めること；これが諸仏の教えである」

(注)具体的な指針を補足するため「五戒、黄金律、八正道」の表現を加えた。
- 「五戒」；不殺生、不偸盗、不邪淫、不妄語、不飲酒
- 「黄金律」；「自分がしてもらいたいように、人にもそのようにすること。」(新約聖書 マタイ7.12、ルカ6.31)……善行の簡潔な指針が法句経に発見できず新約聖書を参考にした。
- 「八正道」；正見、正思、正語、正業、正命、正精進、正念、正定

【阿弥陀如来の本願(弥陀の誓願)；四十八願中の第十八願】
　……多くの一般の人々の、魂の向上への努力を支えるセーフティーネットとなり得る。

付録　サブノート

> 　人々が、私「阿弥陀仏」への想いをきっかけに私の浄土に生まれたいと願い、<u>そのために（自らの魂の）善根を成熟させようと「諸仏通誡偈」を旨に努めるならば</u>、仮にそのような発願努力が生涯十度に過ぎずとも、全員漏れなく浄土に救いとることを固く誓います。
> 　ただし、（表面上そのように振る舞いながら）裏では「五戒」を平然と犯したり、「正しい仏の教え」を誹謗中傷する者どもは、決して見逃すことなく救済から外します。

（注）梵語から漢訳される段階で、（恐らく絶対他力の趣旨徹底のために）自力の要素となる下線部分の記述が削除されているので、その部分を復活させた訳文とした。なお、この部分の具体的指針を補足するため「諸仏通誡偈」の名称を加えた。

📝 「帰命尽十方無碍光如来」……「南無不可思議光如来」……「南無阿弥陀仏」……

(無碍光如来＝不可思議光如来＝阿弥陀如来)

1．「阿弥陀如来の本願（弥陀の誓願）」（梵文漢文の経訳文から意訳）

> 人々が、私「阿弥陀仏」の名を聴き、それを機縁に私の浄土に生まれたいと願い、そのために<u>自ら善根（魂）を磨こう</u>と（「諸仏通誡偈」を行ずる＝「五戒」護持と「八正道」実践）努めるならば、仮にその発願・努力が生涯十度に過ぎずとも、全員漏れなく浄土に救いとることを固く誓います。
>
> 但し、表面上そのように努めながら、<u>「五戒」を平然と犯したり</u>、「正法」を誹謗中傷する者どもは、（邪見驕慢なる悪衆生なので）、絶対に見逃すことなく浄土への救済から外します。

【注】

「八正道」①正見（客観的公正に見る）②正思（判断）③正語（正しい発言、和顔愛語）④正業（行動）⑤正命（生活）⑥正精進（修行啓発）⑦正念（思念）⑧正定（心の安定）。

「五戒」①不殺生（非暴力も含む。食用・防疫のため最低限の殺生は容認）②不偸盗（不強盗、不窃盗）③不邪淫（心身

ともにパートナー以外には捧げぬこと）④不妄語（不虚言、不暴言も）⑤不飲酒（現代では適量飲酒は容認されるが、嗜癖性依存性薬物は厳禁。浪費、飲食、ギャンブル、インターネット等への依存も避けるべき）。

「正法」仏の正しい教え。

2.『御文抄』（真慧上人「御書」、蓮如上人「聖人一流の章」を統合加筆編集）

> そもそも当流のこころは、生死流転の苦界を離れ、かの安楽浄土に往生せむこと。その趣は信心を以て本とせられ、<u>念仏の口称三昧怠りなく、善根の陶冶に努むる</u>こと肝要なり。そは一切の難行雑行を投げ捨て、一心に弥陀に帰命すれば、不可思議の願力として、弥陀の方より往生は治定せしめたもうゆゑなり。
>
> また、五逆十悪・謗法闡提の悪人・女人たりといえども、称名念仏し、それを機縁に阿弥陀仏とその本願の御約束を想い、自ら善根を磨かんと努むれば、それ生涯十度に過ぎずとも、<u>邪見驕慢なる性根和らぎ必ず往生決定</u>、と思い定むる時節を往生と心得るで候。この位を「平生往生」とも「即得往生」とも説きたまひて候。
>
> ここをもちて、「正信偈」に「摂取心光常照護」といふは、「無礙光仏（阿弥陀仏）の<u>心光、常に照</u>

らし守りたまふ故に、無明の闇晴れ、生死の長き夜、既に暁になりぬ」とあそばされ候。信心だにも得れば暁になりぬ、と見えて候。
　そのうへの称名念仏は、阿弥陀如来わが往生を定めたまいし御恩報尽の念仏と心得べきなり。
　　　　　　　　あなかしこ、あなかしこ。

【注】
「五逆」①殺父②殺母③殺阿羅漢④出仏身血⑤破和合僧。
「十悪」①殺生②偸盗③邪淫④妄語⑤両舌⑥悪口⑦綺語⑧貪欲⑨瞋恚⑩愚痴。
「謗法」正しい仏法を誹謗すること。
「闡提」解脱の因を欠き、成仏できない者。

無量寿経　第十八願「弥陀の本願」訳文比較

①「漢訳経文の書き下し文」（岩波書店『浄土三部経〈上〉』無量寿経　p. 157）

【四十八願#18】たとい、われ仏となるをえん時、十方の衆生、至心に信楽して、わが国に生まれんと欲して、（＊）、乃至十念せん。もし、生まれずんば、正覚を取らじ。

　ただ、五逆（の罪を犯す者）と正法を誹謗する者を除かん。

（【注】サンスクリット語経文〈和訳、英訳〉の<u>下線部分</u>が、（＊）の位置に存在すべきだが欠落している。自力修行の要素を排除し絶対他力へ誘導するため削除されたか……）

②「サンスクリット語（梵語）経文の和訳」（同上　p. 38；①と対照のため一部順序変更）

【梵語版・四十七願#19】もしも、わたくしが覚りを得た後に、無量・無数の仏国土にいる生ける者どもが、わたくしの名を聞き、その仏国土に生まれたいという心をおこし、<u>いろいろな善根がそのために熟するようにふり向けたとして</u>、そのかれらが、たとえ、心をおこすことが十辺に過ぎなかったとしても、〔それによって〕その仏国土に生まれないようなことがあるようであったら、その間わたくしは、〈この上ない正しい覚り〉を現に覚ることがありませんように。

　── 無間業の罪を犯した者どもと、正法（正しい教え）を

誹謗するという（煩悩の）障碍に蔽われている者どもとを除いて——

③「サンスクリット語（梵語）経文の英訳」(『The Infinite Life Sutra』1894 Max Muller)
【梵語版・四十七願#19】If those beings who in immeasurable and innumerable Buddha countries, after they have heard my name, when I shall have obtained Bodhi,
should direct their thought to be born in that Budhha country of mine,
and <u>should for that purpose bring their stock of merit to maturity,</u>
if these should not be born in that Buddha country,
even those who have only ten times repeated the thought of that Buddha country,
barring always those beings who have committed the five deadly sins, and who have caused an obstruction and abuse of the good Law,
then may I not obtain the highest perfect knowledge.

④「梵語経文の直訳的翻訳（私案）」【参考】
　もし私（法蔵菩薩；後に正覚に至り阿弥陀如来）が正覚（至高の完全なる智慧）を得るとしても、「人々が私の名を聴いて、私の浄土に生まれたいという思いになり、<u>そこに生まれるために、自身の善根を成熟させようと努力するならば</u>、それが一生で十辺に過ぎなかったとしても、それらすべての人々が浄土に生まれねば」、私は正覚を得ることはすまい。

ただし、「五戒」を切実な事情もなく犯したり、正法（仏教の正しい教え）を公然と誹謗中傷し妨害した者どもは、いかなる場合でも（浄土への救済から）除外する。

【注】
　原文の「五逆」は「五戒」に相当すると考えられるので置換した。
五戒……①不殺生 ②不偸盗（不窃盗）③不邪淫 ④不妄語（不虚言、不暴言）⑤不飲酒（現代では、薬物、過飲、過食、ギャンブル、ネット等への過剰依存にも警戒すべき）

浄土門の道しるべ

　一、阿弥陀如来の本願胸に
　　　　　　笑顔忘れず　積極的に
　　　　　　　　　「今」に感謝し　生き抜きます
　二、阿弥陀如来の光を仰ぎ
　　　　　　欲と怒りと愚かさの
　　　　　　　　　煩悩　鎮めてまいります
　三、阿弥陀如来のお慈悲を喜び
　　　　　　和顔愛語で助け合い
　　　　　　　　　日々の善行　努めます

（注）『浄土真宗本願寺派　日常勤行聖典』掲載の「浄土真宗の生活信条」をベースとして、浄土門で普遍的な道標となるよう筆者なりに取りまとめました。

◆『浄土和讃』（親鸞作）
　（#3）　弥陀成仏のこのかたは　　いまに十劫をへたまえり
　　　　法身の光輪きはもなく　　世の盲冥をてらすなり

　（#4）　智慧の光明はかりなし　　有量の諸相ことごとく
　　　　光暁かふらぬものはなし　　真実明に帰命せよ

天への誓い・天風行動指針

【天への誓い】
今日一日 / 明日も一日

怒らず・怖れず・悲しまず！
正直・親切・朗らかに！
清く正しく尊く強い、積極的肯定的な気持ちで！

真善美の完成に向かわんとする、
宇宙の進化向上に貢献すべく、
立派な人間として生きることを、ここに誓います！

【天風行動指針】
1. 心を強く、積極的肯定的に保つように努める。
   - 明るく、朗らか、生き生きと！
   - 本心良心に従い、誠心誠意の言動をする。
2. 消極的否定的な雰囲気や言動に決して心を同化させない。
   - 他人の言動のネガティブさに要注意！
3. 差し当たることのみただ思え！「過去は返らず！　未来は来らず！」
   - 取り越し苦労は絶対しない！（心にサタンが紛れ込ん

でいないか？）

（注）中村天風師の著述から、筆者なりに特に印象的で重要と思われるフレーズや単語を抄出し取りまとめて、「天への誓い」、「天風行動指針」として掲出しました。

付録　サブノート

天風行動指針概説

　たった一度限りの人生、心に心して心の態度を「積極的・肯定的」ならしむべし。学問や経験よりも、先ず元の元たるはポジティブ（積極的・肯定的）な精神態度である。
　心が負けて、心の態度がネガティブ（消極的・否定的）になれば、人生は暗く不健康で、哀れ惨憺たるものとなってしまう。

1．<u>尊く強い「積極的・肯定的」な心で、「明るく朗らか、生き生きと」生きること</u>。それには、自分自身を絶対に否定せず、自己肯定感を持つように努める。嘆き悲しんでばかりいても状況は改善しないので、たとえ身に病あれど、たとえ運命に非なるものあれど、悲しみ続けて心まで病ませないこと。悲しい時、辛い時には、表情だけでも努めて「笑う」ようにしてみる（完全無欠の人間など存在しない⇒自己肯定）。

2．<u>清く正しい「本心良心」に従い、「誠心誠意」の発言や行動をすること</u>。「本心良心」に反し、後になって自分自身で気が咎め、後味の悪くなるような言動そのものが、ネガティブであり自他に悪影響を及ぼすため、どんな時であってもそのような言動をしてはならない。常に「本心良心」に従い「誠心誠意」であれば、「千万人といえども我行かん」の気概で、やましいことなく悔いのない人生を過ごせる。

3．決して「消極的・否定的」にならぬよう努めること。ネガティブで悲観的な言葉「困った、弱った、情けない、悲しい、腹が立つ、助けて、もうダメだ」を使わぬよう、「執着、貪欲、怒り、怨み、嫉妬、不平不満、未練、愚痴、世迷い言、誹謗中傷、邪見（偏見）、驕慢（驕り昂り）」の思いを抱かぬよう、常に努める。また、現在の心の状態を頻繁に客観的に自己点検し、ネガティブ（消極的・否定的）な部分があれば断然これを排除すること。

 3.1.　他人のネガティブさに同調せぬこと（特に前述の「心の積極性」を体得していないと、知らず知らずのうちにネガティブな影響を受けやすい）。他人からの否定や拒絶に動揺しない。他人の愚痴や不平不満、悪口に決して同調しない。また、他人の不運に遭遇しても、（同情するのは尊いことだが……）同調して悲しみ沈み込むべきではなく、積極的な心で相手を勇気づけ鼓舞して応援すること。

 3.2.　取越苦労や縁起担ぎをせず、迷信や占いに頼らぬこと。これらは「百害あって一利なし」で消極的暗示となり、その反映が次第に出てきて自己肯定感を蝕んでいく。

「差し当たることのみただ思え。過去は返らず、未来は来らず」

 今、生かされている現世は心ひとつの置き所。心（観念）こそが人生を極楽にも地獄にもする唯一のものである。ただただ、心のあり方を「積極的・肯定的」に保ち、「本心良心」に従い「誠心誠意」で、生かされている現実に感謝しつつ、

喜びをもって「尊く強く、清く正しく」「明るく朗らか、生き生き」と、この人生の日々を迎えるべきだ(それなのに不平、不満、不安ばかり……そんな自分の生き方の間違いに早く気づいて、感謝とともに正しい生き方をすべし)。「現在感謝」今このままでありがたい……現在ただ今のすべてに感謝すべきだ。

(注)中村天風師の講演録や著述などから、筆者なりに特に印象的で重要と思われる内容を独自に構成し「天風行動指針概説」として掲出しました。なお、天風節ともいえる軽妙洒脱な独自のトーンは再現不可能でしたので、別掲の参考図書一覧の彼の講演録のいずれかを一読されることをお勧めします(個人的な好みでは、『君に成功を贈る』、『天風先生座談』、『運命を拓く ── 天風瞑想録』がベスト3かと思いますが……)。

積極的たるべき理由

なぜ心の持ち方が積極的肯定的でなければならないのか？
——「潜在意識を積極的肯定的にしておくということ」——

「人間は自力だけでなく他力によっても生かされている」という命題の真偽については科学的に証明されているわけではない。しかし、中村天風師は自身の波乱万丈で激烈な実体験に基づき「他力」について迷いなく確信して説き説得力があるので、この「他力」の存在を真として受け止め、前提として考える。

　ここで「他力」とは、人智を超越した崇高で不可思議（普遍的存在だが存在場所の特定は不可能）なものだが、①科学的ニュアンスでは、電磁気力（光など電磁波）・重力・万有引力といった力のエネルギー、電磁場・重力場といった場のエネルギー、生命力・化学反応といった生化学的なエネルギーなどの「宇宙エネルギー」（天風師はプランク定数hも絡め「宇宙霊」と呼ぶ）であり、②伝統的ニュアンスでは、「神」、（如来クラスの）「仏」、（因縁生起で言う）「縁」、「天」、「氣」などである。なお、実在の人間は如何なる修行を積もうとも煩悩から完全に解脱することは不可能なので、仮に「教祖、教主、聖人、門主、大僧正、救世主、法王、教皇」などの称号を得ても人間は「神仏」たり得ない。ただし、仏教の根本原理の「智慧（真理）」の悟りを開き「如来」

となったブッダと、人々の原罪を背負い十字架上に刑死し復活して天上の神の座の右に坐し神と同等になったイエスの２人だけは、実在した「人間」ながら例外的に「神仏」と捉えることが可能だと考えられる。

　自律神経系は宇宙エネルギーを受容して生命を保つ微妙な働きを行う。また自律神経系は心の状態（心の持ち方、心の態度）に敏感に共鳴する特性がある。

　心の持ち方や心の態度が消極的否定的（ネガティブ）になると生命活動が低下してくる。例えば神経過敏な人は病気から回復しにくい傾向があるが、これは心の態度がネガティブなために自律神経系の機能が低下し生命機能のポテンシャルが低くなっているためだと考えられる。ここで注意すべきことは、自律神経系の働きはネガティブなものに特に敏感に影響を受け易い、ということである。

　心の持ち方や心の態度が積極的肯定的（ポジティブ）ならば、自律神経系が良好に機能し、正常かつ円滑に宇宙エネルギー（生命力）が自律神経系を通して受け入れられ、心身にそのエネルギーが行き渡り生命機能のポテンシャルが高くなって、健全で幸福に生きてゆくことができる。

　人間の生命活動は、心（精神）と体（肉体）とが車の両輪のごとく協業することによって成り立っている。そして、その両者を結び付けているのが自律神経系であり、同時にこれは宇宙エネルギー（生命力）の受容組織でもある。

　心の持ち方や態度が積極的肯定的（ポジティブ）であれば自律神経系が良好な状態となり、宇宙エネルギー（生命力）

が円滑に受容される。そうすれば、このエネルギーは心（精神）にも体（肉体）にも同時に行き渡り、心身ともに健全になっていく。

　ということで、我々は心身ともに健全で有意義な人生を送ろうとするならば、心の持ち方（心の態度）を積極的肯定的（ポジティブ）に保っておく必要がある。

付録　サブノート

📝 ポジティブ論に対応するセーフティーネット「弥陀の誓願」

　世間一般にもてはやされるポジティブ論についていけそうもないと、弱気になったり、自己の限界に悩んだりしている、多くの「普通の人々」が救われる道がある。
　このセーフティーネットとも言える道は『無量寿経』に記された四十八願の第十八願で、「阿弥陀如来の本願、弥陀の誓願、念仏往生の願」などとも呼ばれている。その内容は以下の通り……。
「人々が私（阿弥陀如来）の名を聴いて、私の浄土に生まれたいと思い、そのために自身の善根（善良な心根）を高めようと努めたならば、それが生涯で十回に過ぎなかったとしても、それらすべての人々を浄土に救いとることを誓います。ただし、①「五戒」を平然と犯したり、②仏教の正しい教え『正法』を誹謗し妨害するような、（邪見驕慢で性根の悪い）人々は救済対象から絶対に外します。」……というものである。
【五戒】……不殺生、不偸盗、不邪淫、不妄語（不虚言、不暴言）、不飲酒（現代では過剰飲食や嗜癖性ある薬物、ギャンブル、インターネット等への依存の戒めと解釈できよう……）

　充実した人生を送るには「心身統一」を図ることが大切

で、そのためには人間は「宇宙霊(宇宙エネルギー)」と交感・共鳴することが必要だと、中村天風師は教えている。しかし、一般人にとって「宇宙霊」とは何かを理解することは困難である。

ここで、阿弥陀如来は「無碍光如来」(障害なく届く光の如来)や「不可思議光如来」(理解を超越した光の如来)とも呼ばれ光背の後光が印象的な「光」の如来なので、「光エネルギー」を象徴する存在だとも解釈できる。そして光はエネルギーの一形態なので、阿弥陀如来は「宇宙霊(宇宙エネルギー)」に相当する存在だと類推できる(こう考えれば、唯物論的な考え方の現代人にも阿弥陀如来を受容する糸口となるかもしれない)。

以上のことから、称名念仏を機縁として阿弥陀如来と交感・共鳴することで宇宙霊(宇宙エネルギー)と交感・共鳴ができ、これにより心身統一がもたらされ、より良く人生を送ることができるとも解釈できる。つまり、阿弥陀如来とその本願の御約束を想い、自らの善根の陶冶に努めるようにして生きることが「弥陀の誓願」に沿った生き方となる。

以上を総括すれば……「阿弥陀如来(光の仏)」は「宇宙霊(宇宙エネルギー)」と同一だと受け止めて、自ら善根(魂)の成長に努めることにより、「弥陀の誓願」が「普通の人々」にとってセーフティーネットとなるということである。

とりわけ(煩悩から解脱できないまま)心ならずも過ちを犯しかねない意志弱き「普通の人々」にとっては、「自分の

<u>善根を磨こうという心のベクトルさえ失っていなければ阿弥陀如来（宇宙エネルギー）が救済してくれる</u>」というこのセーフティーネットは大きな心の支えとなるだろう。

顕在意識をポジティブに

　神経系は中枢神経系（脳、脊髄）と末梢神経系（体性神経系、自律神経系）とで構成されています。
　末梢神経系のうち、体性神経系（運動神経系、感覚神経系）は顕在意識下にある運動や知覚といった動物的機能を担っており、自律神経系（交感神経系、副交感神経系）は潜在意識下にある無意識的反射的な植物的機能を担っています。

【神経系】
中枢神経系 central nervous system……脳と脊髄
末梢神経系 peripheral nervous system……中枢と身体各部を連絡
　（顕在意識）体性神経系 somatic nervous system
　　　……骨格筋や感覚器に分布
　　　- 運動神経系 motor nervous system
　　　- 感（知）覚神経系 sensory nervous system
　（潜在意識）自律神経系 autonomic nervous system
　　　……腺分泌、不随意筋に関与
　　　- 交感神経系 sympathetic nervous system
　　　- 副交感神経系 parasympathetic nervous system

　人間の「意識」を氷山に譬えれば、一方の顕在意識は「氷山の一角」で海面上に見える部分に相当し氷山全体の約２割

でしかなく、他方の潜在意識は海面下の見えない部分に相当し氷山全体の約8割と大部分を占め、睡眠中でも常に休みなく働いているとされます。

このように意識の8割を占め常に働いている潜在意識は、顕在意識よりも格段に影響力が大きいので、心身ともに健全で幸福に生きてゆくには潜在意識をポジティブな状態にすることが効果的で重要です。

ただし潜在意識は意識的にはコントロールできないので、意識的にコントロールできる顕在意識を「積極的肯定的（ポジティブ）な状態」にすることで、間接的にポジティブさを潜在意識に浸透させるのが唯一の方法となります。

なお、人間の物の考え方というものは放っておくと自然にネガティブな方向へ傾いてしまう傾向があり、ネガティブな思考は不安定な心の状態を作り出して潜在意識を悪い方向へ向かわせるので、日常的に顕在意識をポジティブに保つように努めることが非常に大切です。

以上のことから、「人生は本人が思い描いたイメージ通りになる」というマーフィーの黄金律を活用して目標達成していくには、先ずは顕在意識上で強い信念となるまでイメージ（目標）を明確に描いて、間接的に潜在意識にそのイメージ（目標）を浸透させるのが得策となります。

マーフィーの黄金律で目標達成するには

マーフィーの黄金律「人生は本人が（意識的・無意識的を問わず）心に思い描いたイメージ（目標）通りになる」を展開して、目標達成するための3ステップは次の通り……。

1. 常に、目標を具体的に明瞭にイメージし
2. 常に、目標の実現を信じ
3. 常に、目標実現のために実行動をする

これらを実際に展開する際の留意点は……、
1. 目標設定では私利私欲に基づくものを厳に避けて、イエスの黄金律に沿った目標を設定すること。なお、目標はできるだけ具体的にし、目的を明確にし、結果まで想定しておくこと。
2. 目標の実現をイメージし、その達成を信じ込むこと。
3. イメージばかりしていて実際に行動しないのでは何も実現できない。先ずは、目標実現のため当面の計画（Plan）を作り、とにかく実行（Do）して、ひと区切りまで来たら当面の結果を踏まえた反省見直し（See）を行う。この見直しに基づき計画を改善して新たな計画（Plan）を立て、これを実行（Do）してゆく……このようにして、PDSサイクルを螺旋階段状に回りながら登っていくことで目標実現に向かっていく

(イエスの黄金律)

新約聖書にイエスの山上の垂訓が示され、「黄金律」と呼ばれる有名な文言がある。

- 「何事でも、自分にしてもらいたいことは、他の人にもそのようにしなさい」マタイ 7.12
- 「自分にしてもらいたいと望むとおり、人にもそのようにしなさい」ルカ 6.31

つまり、「自分がしてもらいたいこと（してもらって嬉しいこと）を人々にしてあげること」がイエスの示した黄金律である（なお、「自分がしてもらいたくないことを人々に対してしないこと」も真ではあるが、表現がネガティブで悪影響があるため黄金律とはされない）。

イエスの黄金律に従って行動すると相手が喜んでくれ、それに従って自分にも喜びが波及するため、世の中に幸せが広がっていくということだと解釈できる。

(マーフィーの黄金律は先人の格言に依拠する……)

英米の成功哲学の始祖とも言われるジェームス・アレンは自著『As a Man Thinketh』（人は自ら考える如くに……〈なる〉）のなかに、「人は、心の中で密かに考えたとおりの人間になる」という古来の格言を紹介し、これが真理であると述べている。

なお、無意識にでも心の中（潜在意識下）で思うことは実

現しかねないので、日常生活ではネガティブな悪い思いを抱かないように常に注意しておく必要がある。

自律神経を整える呼吸法

✧ヨーガ
　ヨーガは個人の内なる魂（アートマン）と、天上の聖なる魂（ブラフマン＝宇宙エネルギー）とを結び付ける宗教的実践とされ、その基本目標は「心の作用のコントロール」である。
「息（呼吸）」と「氣（プラーナ）」とは密接な関係にあり、氣の動きが心の動きに連動しているので、下記のような「正しい呼吸法」により氣の流れを統御し不動の心を育むことも可能となってくると言われる。

✧行雲流水の如く、雑念を手放すように、「深く、ゆっくり」
　呼吸すること。（基本）
✧（先ず、口から細く長くゆっくりと息を吐き切る）

> 　鼻からスーッと３～４秒、腹部を膨らませながら腹８分目まで息を吸って、
> 「クンバハカ」しつつ３秒止めて、
> 　口を閉じ気味にしながら細く長くゆっくりと６～７秒かけて吐き切る。

　＊クンバハカ＝肩の力を抜き、尻を閉じ、下腹部
　　（丹田）に「氣」を集中し息を保つ。

✧酸素を多く吸収できて、血液やリンパ液の流れを促すことができる。
✧自律神経のバランスが整う。
✧良質の入眠が期待できる。

✧ Challenge
　片鼻交互呼吸……眉間に人差し指、そのまま右鼻孔を親指で塞ぎ息を吐き切ったら、直ぐに左鼻孔を薬指で塞ぎ息を吸う。クンバハカしつつ指を交替させて呼吸を続ける。

『光の路』

◆『光の路』
　　　　　　　　　　作詞；堀内敬三　作曲；マーチン

1．大空を渡る日の光は清く
　　心地よき輝きに　やみはうせゆく
　　光の路を　ふみゆくわれら
　　とこしえに保たん　明るき心

2．いつわりも　おこたりも　いやしき欲も
　　打破り浄(きよ)むるは　心の光
　　光の路を　ふみゆくわれら
　　とこしえに保たん　明るき心

(出典『2014　スカウト手帳』ボーイスカウト日本連盟)

『世界平和の祈り』

◆『世界平和の祈り』

作；五井昌久

　世界人類が平和でありますように
　日本が平和でありますように
　私達乃(の)天命が完(まっと)うされますように
　守護霊様ありがとうございます
　守護神様ありがとうございます

　　　　　　（出典『非常識・常識・超常識』五井昌久）

　　（私達乃(の)天命）
　　１．この地上に光溢れる調和世界を築く
　　２．生きる業を通して魂を磨く
　　３．愛をもって人々を助け幸せにする

＊天命（広辞苑）①天の命令、②天から与えられた人の宿命、③天から定められた寿命

（注）上記（私達乃(の)天命）は五井昌久の著作から筆者なりに取りまとめて補足したものです。

【日常勤行作法】(参考)

(礼)→(鈴2打)
- (五称名)……「帰命・尽十方無碍光如来」、「南無・不可思議光如来」、「オーム・アミリタ・テイセイ・カラ・ウン」、「南無・無量寿光如来」、「南無・阿弥陀仏」

(鈴1打)
- 「般若波羅蜜多偈」

　　　色即是空　空即是色
　　　因縁生滅　五蘊無常
　　　是以解脱　一切執着
　　　遠離苦厄　究竟涅槃

(鈴1打)
- 「諸仏通誡偈」

　　　諸悪莫作　五戒護持
　　　諸善奉行　依黄金律
　　　自浄其意　行八正道
　　　是諸仏教　往生涅槃

(鈴1打)
- 「和讃」朗唱……(本書 P.124)『浄土和讃』朝は #3/夕は #4

(鈴1打)
- 「浄土門の道しるべ」……(本書 P.124)

(鈴1打)
- 「天への誓い」
    （朝）今日一日/(夕)明日も一日
    怒らず・怖れず・悲しまず！
    正直・親切・朗らかに！
    清く正しく尊く強い、積極的肯定的な気持ちで！

    真善美の完成に向かわんとする、宇宙の進化向上に貢献すべく、
    立派な人間として生きることを、ここに誓います！

(鈴1打)
- (「般若波羅蜜多呪（しゅ）」を念呪)
    「ギャーテー、ギャーテー、ハーラー・ギャーテー、ハラソー・ギャーテー、ボーディーソーワカー」
(鈴3打)→(礼)

付録　サブノート

がんの要因と予防対策

『がんが消えていく生き方』(船戸崇史著)の著者の講演レジュメをウェブサイト(この講演の主催者「瀬戸のまち統合治療院」の『せとまちコラム』)で見つけ、がん予防対策の生き方が本書で紹介した八正道の実践「正定」と通底するものを感じ、参考にしていただきたくここに要約、補足編集してご紹介します。

がんの要因

「がんになりがちな性格3G(頑固、頑張り過ぎ、我慢し過ぎ)」+「多忙な生活(ストレス)」

- ➡交感神経優位(興奮覚醒状態)
- ➡①末端血管収縮→血流不足(組織の酸素濃度と体温の低下)で代謝低下(がんがはびこり易くなる);②副腎皮質からコルチゾール(ステロイドホルモン)が分泌され→高血糖状態(余剰糖分はがんの餌);③ストレス解消で無意識にスイーツ摂り過ぎや大飯食い(高血糖状態)

がん予防対策　……がんが嫌う環境にする

- 適度な有酸素運動→体温上昇、酸素供給、良質睡眠に導く⇒対がん免疫力が上がる
- 良質な睡眠により副交感神経優位の生活に改善し対がん免疫力を上げること

免疫細胞である白血球（顆粒球系、リンパ球系）のうち……
- 顆粒球系の免疫（対細菌免疫）……交感神経優位で活性化
- リンパ球系の免疫（対がん免疫）……副交感神経優位で活性化

\# 良質な睡眠により副交感神経を優位にすると対がん免疫力が上がる。
- 「脱3G（頑固、頑張り過ぎ、我慢し過ぎ）」＋「ゆとり生活」で副交感神経優位の生活

久保田　博 (くぼた　ひろし)

1951 (昭和26) 年生	福岡市出身（出生地は熊本県南）。父の転勤に伴い戸畑市 (現北九州市)、長崎市に一時在住。
1975 (昭和50) 年	九州大学農学部卒業。日本専売公社 (現JT) 入社、勤務地は…… 東京都（3回）、上田市、鹿児島市、米国（ノースカロライナ州Raleigh市）、盛岡市（2回）、ギリシャ (Thessaloniki市)、函館市（2回）、名古屋市、仙台市……（最終勤務地は2回目の函館）。
2006 (平成18) 年	同社退職。その後2つの職を経て、現在はフリー。福岡市在住。

　上記の通り国内各地はもとより海外（米国2年間、ギリシャ5年間）での多様な生活を通じて、自ずとものの見方や考え方の幅が広がったように感じます。私のこのようなバックグラウンドは本書取りまとめの際に潜在的な下支えとなったのかもしれません。

般若波羅蜜多とE = mc²

「縁」とエネルギー

2024年11月26日　初版第1刷発行	
著　者	久保田　博
発行者	中田　典昭
発行所	東京図書出版
発行発売	株式会社 リフレ出版
	〒112-0001　東京都文京区白山5-4-1-2F
	電話 (03)6772-7906　FAX 0120-41-8080
印　刷	株式会社 ブレイン

© Hiroshi Kubota
ISBN978-4-86641-807-0 C0095
Printed in Japan 2024
日本音楽著作権協会(出)許諾第2406966-401号
本書のコピー、スキャン、デジタル化等の無断複製は著作権法上での例外を除き禁じられています。本書を代行業者等の第三者に依頼してスキャンやデジタル化することは、たとえ個人や家庭内での利用であっても著作権法上認められておりません。

落丁・乱丁はお取替えいたします。
ご意見、ご感想をお寄せ下さい。